QUADERNI DEL CENTRO CULTURALE S. AGOSTINO / 14
Ripubblicato da Stephen Street www.bottesiniurtext.com

SI RINGRAZIANO:

Eredi Manenti - Banca Popolare di Crema
Aziende Distributrici Gas e Acqua Gruppo Dr. D. Bernardi Crema
Concessionaria Peugeot - Volvo - Vailati Crema
Cabini Arreda l'Ufficio Vaiano Cremasco - Leva Artigrafiche in Crema
Orchestra Sinfonica dell'Emilia-Romagna ''Arturo Toscanini''
Orchestra del Conservatorio ''Arrigo Boito'' di Parma

ISBN: 978-1-9998664-9-5

Ristampato e ripubblicato da Stephen Street nel 2021 con il permesso.
Parte del progetto Bottesini Urtext ® www.bottesiniurtext.com
www.stephenstreet.com

COMUNE DI CREMA   CENTRO CULTURALE S. AGOSTINO

GIOVANNI BOTTESINI:
TRADIZIONE E INNOVAZIONE
NELL'OTTOCENTO MUSICALE ITALIANO

ATTI DELLA TAVOLA ROTONDA
CREMA 9 OTTOBRE 1992

A CURA DI

FLAVIO ARPINI e ELENA MARIANI

La seconda edizione del Concorso internazionale per contrabbassisti "Giovanni Bottesini", svoltasi nell'ottobre 1992, mirava a una duplice finalità: promuovere lo studio e l'arte del contrabbasso, di cui il musicista cremasco fu impareggiabile virtuoso, e approfondire la ricerca sulla vita musicale cremasca all'epoca di Giovanni Bottesini, già iniziata nel Convegno tenutosi in Crema in occasione della prima edizione del Concorso. La prima finalità è stata positivamente attestata dalla presenza al Concorso di molti giovani musicisti provenienti da ogni parte del mondo; la seconda si è concretizzata in una tavola rotonda incentrata sul tema "Giovanni Bottesini: tradizione e innovazione nell'Ottocento musicale italiano".

Sotto la presidenza di Maria Caraci Vela, titolare della cattedra di Filologia Musicale all'Università degli Studi di Milano, hanno svolto pregevoli relazioni esperti musicologi: Flavio Arpini, Elena Mariani, Antonio Delfino, Rosa Cafiero, Licia Sirch.

Ne è risultato un affresco su un tema di grande respiro e di sicuro interesse, dimostrato dalla numerosa partecipazione di esperti e appassionati.

La pubblicazione degli atti consente ora di portare a conoscenza di un più vasto pubblico tematiche che, data la loro ampiezza, meritano ulteriori approfondimenti e riflessioni.

Le nuove edizioni del Concorso potranno costituire occasione ideale per portare avanti il discorso sulla musica a Crema fra XVIII e XIX secolo e sui tanti musicisti cremaschi che vi dettero impulso e lustro.

Nel presentare il volume è doveroso rivolgere un vivo ringraziamento alla chiarissima Prof. Maria Caraci Vela, ai relatori, al conte Ferrante Benvenuti, al collezionista Adolfo Bossi e a tutti quanti hanno concorso alla migliore riuscita dell'iniziativa.

LUIGI FERRIGNO
Presidente del Centro Culturale S. Agostino

Questo volume miscellaneo raccoglie, con maggior agio di spazio, i contributi che furono esposti brevemente e discussi nella tavola rotonda sul tema Giovanni Bottesini: tradizione e innovazione nell'Ottocento musicale italiano *(Crema, Palazzo Comunale, 9 ottobre 1992). Esso segue a non grande distanza altre iniziative dedicate a Bottesini ed è dovuto all'impegno di un gruppo di giovani musicologi, ben affiatati per comuni o analoghe radici di cultura e di studi. Il loro lavoro, attraverso la ricognizione diretta dei testi musicali e il vaglio della documentazione conservata in archivi pubblici e privati, mira alla ricostruzione di un tassello della vita musicale cremasca dell'Ottocento in un'ottica che supera gli angusti limiti dell'interesse per la sola realtà cittadina e che assume invece come referente il quadro ampio e vitale della cultura musicale italiana del tempo. In questo senso il titolo di quella tavola rotonda - e di questo volume - che forse a prima vista potrebbe sembrare pretenzioso, trova la sua spiegazione e certo un personaggio cremasco di statura internazionale come Bottesini può proporsi come buon osservatorio da cui seguire, lungo alcuni decenni, percorsi e contraddizioni della musica italiana dell'Ottocento. I saggi qui raccolti, che hanno un centro ideale nella sua figura, offrono documentazione precisa sull'apporto di Crema alla storia musicale italiana dell'Ottocento, sulla ricettività dimostrata di fronte alle sollecitudini che la investono, sulla ricchezza e varietà della vita musicale cittadina, la funzione di committenza e promozione svolta dalle istituzioni pubbliche o dai privati, le occasioni, ufficiali e non, che si offrivano al musicista.*

La tradizione musicale cremasca, notevole per i secoli XVIII e XIX, ha cominciato a beneficiare degli esiti di indagini condotte con rigore e competenza solo in tempi recenti; di fronte al molto che attende d'esser fatto, è logico augurarsi che la fattiva collaborazione, già in precedenza ben sperimentata dagli studiosi che hanno contribuito a questa miscellanea, possa continuare, in modi e lungo percorsi sempre nuovi, anche nel prossimo futuro.

MARIA CARACI VELA

INDICE

FLAVIO ARPINI

«COGNIZIONE DI MUSICA» E «ABILITÀ NON ORDINARIA»: APPUNTI SULLA MUSICA A CREMA FRA XVIII E XIX SECOLO

Nella città di Crema si verificarono durante i secoli scorsi alcune condizioni per la promozione musicale che se per taluni versi la accomunano alle altre città d'Italia per altri la distinguono, e se le prime appartengono soprattutto al dato organizzativo delle principali istituzioni, le altre si radicano nella configurazione che la città assunse nel decorso storico[1]. Mentre i tratti comuni si possono dunque riferire soprattutto ad alcuni aspetti pertinenti all'organizzazione della cappella musicale della chiesa più importante e all'istituzione teatrale e alla loro forza d'attrazione esercitata con costanza nella vita musicale cittadina, quelli distintivi si imperniano intorno alla diffusa presenza religiosa e alla sensibilità dei privati che si configurarono ed espressero in modo differente nelle diverse epoche: da tali particolari connubi ed intrecci ebbe a trarre stimoli positivi la presenza dei musicisti a Crema dal XVI al XIX secolo[2].

Il ricorrere dei medesimi nomi nei diversi ambiti, a partire proprio dai poli di attrazione principali costituiti dalle istituzioni cittadine, permette di ravvisare un nucleo di musicisti ben presente nella vita cremasca, che poteva intervenire alle diverse manifestazioni musicali, *in toto* o in parte, integrato da altri musicisti, forestieri o meno[3].

Tale nucleo doveva costituire punto saldo di consuetudini, prassi, gusto e stile musicali, cioè di quegli aspetti dell'esperienza musicale che potevano rappresentare, seppure parzialmente, ciò che si andava configurando come tradizione; lo stesso poteva però divenire anche interprete degli stimoli innovativi incipienti, permettendone l'innesto fecondo nella solida prassi stabilita, ovvero nella tradizione stessa.

Alcuni dati tratti da fonti documentarie, editoriali e librettistiche, che intendo qui proporre, investono all'incirca tre generazioni di musicisti che operarono a Crema: quella che si rese interprete della fase che vide intervenire attivamente Giuseppe Gazzaniga e Carlo Cogliati intorno al cambio del secolo, cioè coloro che formarono la generazione successiva, ovvero la seconda, a sua volta rappresentata dai nuclei Bottesini, Petrali, Stramezzi, Re, solo per citare alcuni dei nomi più noti, e da ultimo quella a cui appartiene Giovanni Bottesini.

Alla fine del Settecento si giunse ad una sorta di regolamentazione delle assunzioni della cappella del duomo grazie alla quale si possono oggi cogliere alcuni aspetti che qui brevemente rammenterò: la presenza di quel che oggi si chiamerebbe scuola strumentale a carattere privato, gli anni di servizio, ma anche di apprendistato, gratuiti come prova e certificazione di una attività da far valere successivamente quale diritto di preferenza nelle assunzioni, il criterio di anzianità come punto discriminante nell'avvicendamento dei musicisti [4]. Passi necessari, comunque, per l'assunzione divennero l'inoltro di una supplica accompagnata da fedi comprovanti l'abilità dell'aspirante mostrata in prove pubbliche; tali attestati dovevano essere stesi e sottoscritti dal maestro di cappella e dal «Capo Orchestra» [5]. Oltre a ciò esisteva una sorta di pensione-vitalizio per i musicisti anziani che percepivano quanto loro dovuto pur essendo sostituiti nelle loro assenze per 'malattia' dai giovani volonterosi che aspiravano a divenire «pubblici professori» [6]. I maestri di cappella chiamati in causa quali testimoni sono Paolo Nevodini e Giuseppe Gazzaniga, il direttore dell'orchestra è invece quel Carlo Cogliati che rappresentò l'anello di congiunzione fra i diversi maestri e una sorta di memoria storica delle consuetudini della cappella musicale - e ciò si coglie anche solo dal punto di vista cronologico nell'ampiezza dell'arco di tempo in cui agì a Crema (dal 1776 al 1834) - a partire dal Fezia (sotto la cui direzione il Cogliati venne assunto e si impose quale primo violino), al Nevodini (che lo vide «Capo Orchestra» e organizzatore di quella scuola strumentale di cui si diceva poc'anzi), al Gazzaniga e ancora sino al Pavesi [7]. Tutti coloro che si sono occupati della biografia bottesiniana hanno d'altronde, in modo più o meno enfatico, ricordato la figura del Cogliati quale primo maestro del contrabbassista[8]. Recenti sono le puntualizzazioni sull'importanza assunta dal suo operare, e non solo per gli incarichi istituzionali, nella vita culturale e musicale di quegli anni a Crema[9].

Dalle suppliche e dalle fedi conservate possiamo evincere alcune caratteristiche che distinguevano i componenti della cappella della cattedrale alla fine del Settecento e nei primi anni dell'Ottocento e che divenivano condizioni per la loro assunzione[10]. La datazione, di quelle prese in esame, si estende dal 1784 al 1803 e coinvolge tre violinisti, un contrabbassista, due oboisti, due musici soprani, un tenore ed un basso[11]. I criteri di giudizio dei maestri interessati, Nevodini e Gazzaniga, e del capo d'orchestra, il Cogliati, non sono sempre omogenei fra loro e le diffrazioni che si scorgono lasciano intravvedere, pur limitate ai singoli episodi che ne permettono l'identificazione, qualche indicazione sulle personalità coinvolte. Sembrerebbe comunque che il Cogliati trovasse maggior accordo con il maestro veronese; differenze di giudizio si riscontrano con il Nevodini. Ad esempio, nel 1790, per il contrabbassista Alessio Bonamano il «Capo Orchestra» annota che «conosce la Musica quel che basta» e che «la eseguisce bene»[12], mentre per il Nevodini lo stesso è «capacissimo d'occupare il posto nella cappella»[13]. L'uno sbrigativamente testimonia la sufficienza dello strumentista, l'altro la capacità di risolvere i doveri d'obbligo. Quando rilasceranno la fede per il musico soprano Luigi Andriani (di Fermo), sempre nel 1790, entrambi sottoscriveranno un giudizio che coinvolge sia l'aspetto teorico conoscitivo della musica sia quello esecutivo, con una puntualizzazione sullo stile impiegato. «Sa la musica fondatamente e la canta con maniera e secondo il gusto moderno», inoltre «quello che canta [...] lo veste a suo piacere e lo cambia in più modi stando sempre a rigore del Armonia e Contrapunto»[14]. Lo stesso musico soprano verrà giudicato anche dal Gazzaniga cinque anni più tardi. Nelle fedi sottoscritte dal Gazzaniga appare una nuova categoria di giudizio: oltre alla conoscenza della musica, alla bravura o abilità, si aggiunge la dote naturale. Costante permane il giudizio inerente ai compiti richiesti dal ruolo specifico. «Oltre di possedere una perfetta cognizione di musica è dotato altresì di un'ottima voce ed arte di canto, per cui lo giudico abilissimo per il Servizio»[15]. Nello stesso anno viene giudicato anche il musico soprano Francesco Fasciotti (bergamasco), allora giovinetto. Gli esaminatori rilevano l'«ottima di lui voce», la «somma abilità» e concludono che «può servire», non prima di aver doverosamente ricordato, trattandosi di una promessa che «se ne deve attendere ulteriori progressi» [16]. Il caso del basso, Domenico Covi, è interessante poiché mostra come di fronte ad una «cognizione di musica», senza ulteriori aggettivazioni descrittive, e ad una «sufficiente voce di Basso», l'«abilità non ordinaria del canto» si riveli elemento decisivo perché il maestro di cappella possa indicare ai Sindaci del Consorzio che «può essere abilitato al servizio» [17]. Evidentemente, erano apprezzate in modo particolare l'abilità virtuosistica, la bellezza naturale delle voci, l'esperienza nel porgere variando la linea melodica secondando il gusto moderno e arricchendolo con quello personale, meglio se fondato sulla conoscenza («Armonia e contrapunto») della musica [18]. In quale misura dovessero stare tra loro le caratteristiche apprezzate e quindi ricercate nell'ambito vocale un poco lo mostra la fede di Giovanni Meroni, esemplare per l'equilibrio testimoniato: «dotato di un'ottima voce e gradevole metodo di cantare, possiede appieno la cognizione di musica, per li cui mezzi lo giudico degno di essere ammesso nel posto vacante» [19]. Nella supplica dello stesso ritroviamo anche altri elementi solitamente dichiarati: l'età, il ruolo, le prove pubbliche sostenute: «di anni 24 [...] nativo di Soncino professore di musica cantante il Tenore, dopo di aver date [...] prove al Pubblico in diverse Funzioni e specialmente nel giorno 7 [...] ottobre nella chiesa di S. Bernardino di Crema» richiede di «essere ammesso al novero di questi pubblici professori di musica» [20]. Anche per il versante strumentale, dalle fedi che testimoniano la capacità di ottemperare al «servizio» [21], dalla considerazione dell'«abilità» o «molta abilità» [22] - evidentemente riferita alla pratica esecutiva -, si giunge, come nel caso di Luigi Comnasio nel 1800, al riconosciuto apprezzamento per la lettura a prima vista in orchestra («capace di suonar all'improviso la musica d'orchestra col Violino» dichiarerà il suo maestro Paolo Stramezzi [23]) ribadita anche nelle prove in sedi non istituzionali («privatamente provato e trovato abile rilevando all'Improviso la Musica d'Orchestra» [24]), e all'abilità da intendersi nella sicurezza dell'improvvisazione rilevata in pubbliche prove («avendo in occasione di Funzioni di chiesa, e di Accademia rilevata una ben distinta abilità [...] lo giudico capacissimo in poter sostenere il posto vacante» [25]). Quindi determinanti nell'essere ritenuti all'altezza del ruolo nell'orchestra della cappella erano la prontezza e sicurezza nell'esecuzione, anche se improvvisa, cioè con poche prove a disposizione. L'aspetto virtuosistico legato all'esibizione solistica doveva essere particolarmente gradito al Cogliati come ai responsabili della Cappella, poiché già nel 1782 si sottolineava - addirittura a margine della nuova regolamentazione introdotta - a proposito di un allievo del Cogliati che: «già suona Concerti a solo in modo singolare» [26]. Per inciso, abbiamo a disposizione anche le fedi rilasciate nel 1790 dal Nevodini e dal Cogliati per il maestro del Comnasio, Paolo Stramezzi, di cui si rilevava l'abilità nel suonare sia il violino che la viola «a solo» [27]. Anche il figlio di costui, Pietro Stramezzi era violinista [28]; sembrerebbe perciò di poter scorgere, probabilmente cresciuta all'ombra di quella scuola privata che alla fine del secolo XVIII doveva occupare Carlo Cogliati, una scuola d'archi che attraverso i Guerini, gli Stramezzi, ma anche i Marzetti, i Re e i Truffi, doveva coinvolgere anche i Bottesini [29]. Da ultimo ricorderò una fede datata 1803 rilasciata dal Gazzaniga per l'oboista Carlo Guerini che, come già per il Meroni, assomma in modo equilibrato i diversi elementi sin qui ricordati: «avendo esperimentato in molte occasioni, anche di sommo impegno, [...] e conosciutolo di una bastevole capacità anche nell'impegno di primo oboista, così lo giudico capacissimo a poter coprire quel posto» [30]. È già stato puntualizzato come la circolazione dei musicisti a Crema coinvolgesse le diverse istituzioni: gli stessi nomi si ritrovano infatti sia nella cappella musicale della Cattedrale sia negli organici teatrali e probabilmente arricchivano le manifestazioni private [31]; è quindi plausibile ritenere che le qualità che abbiamo cercato di evidenziare dai documenti ora citati fossero ben apprezzate nei diversi ambiti. Per ritrovare musicalmente quanto sinora abbiam visto affermare, potremo servirci di alcune musiche oggi conservate presso la Biblioteca Comunale di Crema [32]. Si potrebbero leggere tali musiche quali testimonianze di ciò che i musicisti, anche quelli sunnominati, e gli altri facilmente riconducibili ai singoli ruoli dichiarati e parti segnate, effettivamente dovettero eseguire. Considerando poi le parti obbligate, che distinguono un numero apprezzabile dei manoscritti di Giuseppe Gazzaniga appartenenti alla biblioteca pubblica, potremmo verificare cosa fosse richiesto in quegli anni ai musicisti ricoprenti il ruolo corrispondente al singolo strumento specifico [33]. Così, ad esempio, si potrebbero considerare gli aspetti di virtuosismo che talune parti manoscritte conservate mostrano come testimonianza di quella prassi stabilita, ben consolidata - e apprezzata quando condotta con criteri rispondenti alle categorie estetiche condivise, come il caso del soprano Andriani ci ha mostrato -, dell'abbellire il testo fissato dal compositore. Solitamente lasciate al gusto dell'esecutore, in questi manoscritti le versioni «rivestite» [34] sono invece parzialmente mostrate, ed essendo legate al momento esecutivo portano il decorso melodico verso quegli aspetti di «abilità» che nel nuovo secolo, arricchiti in altro modo e illuminati da altra luce, sarebbero stati conosciuti sotto il nome di virtuosismo. Così ad esempio, per rimanere alle composizioni del Gazzaniga, si legge oggi la parte per tenore nel *Tantum Ergo* in Fa, oppure quella per violoncello nel *De Profundis* in Re datato 1796 [35]. Meno agevole allo stato attuale delle ricerche è stabilire invece se alcune musiche, o varianti musicali, si debbano alla presenza di particolari musicisti. Le qualità coltivate, apprezzate e ricercate a Crema erano comunque stimate non solo *in loco* ma anche altrove: in tal senso si può leggere la testimonianza riguardante gli eventi relativi all'incoronazione di Napoleone a Milano nel 1805. Mi riferisco principalmente al noto episodio in cui il soprano ed il contralto di Crema vennero espressamente richiesti da Francesco Pollini, maestro incaricato di curare l'esecuzione delle musiche il giorno dell'incoronazione di Napoleone a Re d'Italia, che avvenne nella capitale lombarda nel 1805. Dovendo seguire gli usi parigini, ma non disponendo di cantori in numero sufficiente per adeguarvisi, il Pollini ritenne necessario «di chiamare dalle Città vicine i migliori cantanti soprani, e contralti [...] e crederei» - continua Pollini - «tra questi opportuni [...] il Soprano e contralto di Crema» [36]. È da ricordare che il maestro citato è lo stesso Pollini conosciuto e frequentato da Vincenzo Bellini, ed è quel maestro sostituito poi nell'incarico di maestro di cappella da Bonifacio Asioli, che a sua volta verrà nominato anche «Direttore della Musica Reale» e, in seguito alle dimissioni di Mayr da censore, «primo professore di composizione e censore degli studi nel Conservatorio di Musica» di Milano, mentre il Pollini nel 1809 diveniva socio onorario di tale istituzione [37]. Per l'identificazione dei cantanti provenienti da Crema, i nomi dei musicisti da prendere in considerazione, per date e ruolo, sono quelli del soprano Carlo Moroni e del contralto Giuseppe Vignati, ma poco appresso, e quindi per effetto della giubilazione in uso anche nella cappella cremasca, anche quelli, rispettivamente, di Antonio Pavesi e Antonio Smolzi [38]. Gioverà rammentare che Pollini era uno dei rappresentanti di quella musica strumentale ben presente in area lombarda che costituì una sorta di laboratorio fecondo dello strumentalismo colto che doveva risultare un'ossatura fondante anche per il mondo operistico [39].

All'incedere del nuovo secolo si registrano mutamenti nella vita cittadina: dal ridimensionamento di taluni istituti in seguito agli avvenimenti e decisioni che coinvolsero le istituzioni religiose durante la Repubblica Cisalpina, al nuovo che andava configurandosi nella vita musicale sotto forma di Società Filarmonica, di banda dei Tubarmonici e Banda Civica, poi confluite nella banda municipale [40]. L'operosità musicale di coloro che avevano promosso una scuola privata d'archi, e poi vivificato l'attività musicale cittadina attraverso l'associazione filarmonica, veniva ad essere affiancata da altri protagonisti. Giuseppe Gazzaniga, che pure sovraintese alla formazione di quella generazione di musicisti da cui prese avvio l'Ottocento musicale a Crema, di fronte alle innovazioni che premevano ormai all'inizio del secolo ebbe ad annotare in una lettera alcune inquietudini [41]. Ed è a mio avviso particolarmente significativo il fatto che, allorché si trovò ad indicare un musicista che gli si presentasse degno di ricevere parte della sua preziosa collezione libraria, si rivolgesse a Giovanni Simone Mayr [42], cultore dell'opera ma anche portatore di alcune esperienze fondamentali nell'ambito strumentale che dovevano essere riviste nella tradizione strumentale italiana. A questo proposito è emblematico ricordare ora la produzione strumentale di Donizetti e sottolineare come, fra coloro che promossero l'esecuzione della stessa, ci fosse proprio Giovanni Bottesini, il virtuoso cremasco che doveva divenire nella seconda metà del secolo un punto di riferimento per la produzione musicale strumentale italiana [43]. D'altra parte, uno dei protagonisti delle manifestazioni strumentali cremasche fu proprio il padre di Giovanni [44]. Infatti una testimonianza sul versante cameristico della vita strumentale a Crema ci è offerta da alcune composizioni di Pietro Bottesini, che apparvero in stampa nei primi decenni del secolo. Accanto alla provata attività di strumentista della cappella e del teatro, di animatore instancabile della vita musicale cittadina attraverso le accademie e la Società Filarmonica, oltreché di concertista, ora possiamo affiancare una pratica compositiva cameristica evidentemente apprezzata anche in altra sede. Quella operosità, che le testimonianze documentarie ci indicavano nella direzione di un mondo legato alle attività strumentali cameristiche connesse anche ad un certo dilettantismo colto, viene evidenziata dalle indicazioni delle dediche apposte alle stampe conservate. Il «signor Ferrante Terni dilettante di Flauto», a cui sono indirizzate le *Sei Arie di vari classici autori ridotte per Flauto e Chitarra* edite da Giuseppe Antonio Carulli, n. di lastra 138-143 [45], ed il «Nobile Sig.r Conte Livio Aless.o Benvenuti Clavello, dilettante di clarinetto», che figura nel frontespizio del *Divertimento per Clarinetto con accompagnamento di due Violini, Viola e Violoncello* edito parimente dallo stesso Carulli col numero 128 [46], sono i due dedicatari, dilettanti di flauto e clarinetto, che ci mostrano la figura di Pietro Bottesini ben calata in quel mondo musicale che ruotava intorno alle attività private, primariamente distinto dagli interessi musicali delle famiglie nobili locali, che dedicavano anche all'arte musicale la loro attenzione. Un tenore cremasco, la cui presenza è testimoniata nelle attività della cappella, è quel «Signor Ranuzio Pesadori / Cantante di Camera di S.M. il Re di Sassonia», dedicatario del *Tema con variazioni per Clarinetto con accompagnamento di Pianoforte* edito da Francesco Lucca [47]. Le stampe sono, si sarà notato, a nome di Antonio Carulli, Francesco Lucca, e Giovanni Ricordi, vale a dire le case alle quali si legavano le sorti dell'editoria musicale italiana di quel periodo, prima del predominio di quest'ultima [48].

Nel *Catalogo numerico Ricordi 1857* sono presenti anche altre stampe di composizioni di Pietro Bottesini: al n. 5474, *Andante e Variazioni per Flauto e Clarinetto, con accompagnamento di due Violini Viola e Violoncello,* «dedicate al Sig.r Pietro Donesana dilettante di Flauto» la cui segnalazione al deposito di Censura è dell'agosto 1831; al n . 6238 la pubblicazione già edita da Carulli con il n. 128, citata poc'anzi; al n. 6258 ancora l'edizione Carulli n. 138-143 sopra menzionata, sciolta nel piano editoriale Ricordi dal n. 6252 al n. 6257 in fascicoli distinti. Ovvero, riduzione della *Ca-*

vatina nella Nitocri di Mercadante (n. 6252), dell'*Aria nel Ciro in Babilo-
nia* di Rossini (n. 6253), dell'Aria *Mi vieta fin di piangere* nella *Nicotri* di
Mercadante (n. 6254), dell'Aria *Io godrò* nell'*Antigone* di Pavesi (n.
6255), della Cavatina *Se il fato* nella *Costanza e Romilda* di Meyerbeer (n.
6256) e ancora di Mercadante la *Cavatina nell'Andronico* (n. 6257). Inoltre al n.
6249 una riduzione per chitarra della *Sinfonia* della *Semiramide* rossiniana,
al n. 6273 le *Variazioni sopra un tema del M° Mercadante composte per
Chitarra sola* e «dedicate alla signora Angela Barbieri», già edite da Carulli, quest'ultima opera col n. 70. Da ultimo segnaliamo un *Duetto per clarinetto e cornetta* il cui manoscritto è conservato presso la Biblioteca del Conservatorio di Milano [49].

Il fatto che Ricordi riprenda nel proprio piano editoriale i numeri del
catalogo Carulli può ragionevolmente essere letto quale riconoscimento di
un certo apprezzamento che tali composizioni dovevano aver suscitato. Nello
stesso *Catalogo numerico Ricordi 1857*, che riporta la produzione dei Ricordi sino al 1857 appunto, ritroviamo anche un altro cremasco, Giuliano
Petrali, istruttore dei giovanetti presso la Cattedrale, organista, in alcune
occasioni facente funzione di maestro di cappella, maestro al cembalo al
teatro e padre di Vincenzo Antonio Petrali che si sarebbe distinto in seguito
quale compositore ed organista. Di Giuliano vengono messe a catalogo due
composizioni, le *Variazioni per pianoforte sopra un tema dell'Eduardo e
Cristina* (n. 6100) e *Due Notturni* per soprano, contralto, tenore e basso
(n. 6279) [50]. Anche nel caso delle *Variazioni* Ricordi immetteva in realtà nel
proprio piano editoriale un titolo già apparso presso Antonio Carulli con
il numero 60. Varrà la pena di ricordare come in questo caso le *Variazioni*
risultino «Dedicate all'egregia signora Donna Giuditta Turina nata Cantù» [51]. Ancora una volta troviamo una indicazione di apprezzamento di ciò
che si andava producendo nella vita musicale cremasca, ben in linea con
i gusti e le tendenze dell'epoca.

Le composizioni di Pietro Bottesini sono brani per clarinetto, o flauto,
che possono prendere avvio da temi operistici famosi, o ne offrono la riduzione per chitarra; ben presente la formazione cameristica che affianca il
solista con due violini, viola e violoncello. Unica eccezione l'accompagnamento per pianoforte nella stampa del *Tema con variazioni* per clarinetto

edito da Lucca. Tali musiche indicano da un lato il permanere del gusto per il virtuosismo strumentale che abbiamo visto essere costante alla fine del secolo precedente e che diverrà, sotto nuova luce, uno degli elementi dominanti del nuovo secolo, e dall'altra la persistenza della formazione e dimensione cameristica. Pienamente immerso nelle scelte dell'epoca è quel gusto della «riduzione» che, unitamente agli altri aspetti segnalati, il virtuosismo e la dimensione cameristica, percorrerà anche la produzione del figlio Giovanni, trasformata ormai in parafrasi o «fantasie» su temi [52]. Indubbiamente la cifra virtuosistica è di segno diverso, essendo la prima legata alla prassi improvvisativa di fine secolo e alle volute eleganti che si risolvono comunque in un equilibrio formale ricercato e ritrovato in quella misura che la dimensione cameristica interpretava.

La datazione delle musiche di Pietro Bottesini, stando alle indicazioni del *Catalogo numerico Ricordi*, si collocherebbe nel quarto decennio del XIX secolo, essendo indicata solo per una di esse la data di deposito presso l'ufficio di Censura per Ricordi che ne dia una certa delimitazione temporale, e all'inizio del quinto decennio sembrerebbe doversi collocare quella edita nel 1842 da Francesco Lucca [53]. L'inclusione nel piano di edizioni Ricordi, intorno agli anni 1831-35 [54], di titoli già pubblicati e appartenenti ai cataloghi e torchi di Antonio Carulli, indica il persistere dell'apprezzamento di queste opere del musicista cremasco appartenenti al repertorio 'minore', ma ne sposta il termine temporale di composizione al terzo decennio del secolo. Antonio Carulli operò infatti come editore dal 1823 al 1833, e la pubblicazione dei numeri 70, 128, 138-143, che avvenne fra il 1825 e il 1827, indica il termine *ante quem* per la loro composizione [55]. Per ciò che riguarda i brani aventi oggetto arie famose d'opera, potremmo forse cercare di legare la loro datazione a quella prassi che vedeva la produzione delle stampe destinate ad un uso privato affiancare la presentazione dell'opera a teatro [56]. In tal modo potremmo cercare di stabilire un legame fra le stampe sopra ricordate, Ricordi 6100 e 6249, e le opere *Eduardo e Cristina* e *Semiramide* rappresentate a Crema nelle stagioni del carnevale 1824 e 1826, e ripresentate entrambe nella stagione autunnale del 1828 [57]. Inoltre, per il primo caso, le *Variazioni per pianoforte composte sopra un Tema tratto dall'Opera Eduardo e Cristina*, in catalogo presso Ricordi con il n. 6100, dobbiamo considerare la loro provenienza dai magazzini di Antonio Carulli, presso il quale apparvero in stampa con il numero 60 proprio nel 1824 [58].

Se Pietro Bottesini riceveva stima attraverso l'immissione delle proprie opere nel catalogo Ricordi, di lì a poco seguito in ciò da Giovanni [59], un apprezzamento nella viva pratica strumentale sembrerebbe potersi proporre per l'altro figlio Cesare. Infatti alcuni libretti ci attestano la sua attività quale violinista presso il Teatro Re di Milano nelle stagioni teatrali della primavera 1837 ed estate 1838 [60].

Indubbiamente necessitano di studi mirati i rapporti musicali fra Crema e le città vicine, poiché di ciò in tale periodo poco conosciamo. Ma il ritrovare musicisti apprezzati a Crema anche in altre sedi non è cosa limitata alla prima parte del secolo. E con la seconda metà dell'Ottocento trattiamo di musicisti contemporanei a Giovanni Bottesini, per i quali, anche se non attraverso la genialità che distinse il contrabbassista ma nella quotidianità del far musica, rimane valida la medesima testimonianza di formazione avuta nella cittadina natale e di operosità affermatasi altrove. Citerò qui solamente Antonio Truffi (negli anni 1841 e 1845 al Teatro Re), Giuseppe Santelli (nel 1870-71 alla Scala), Isidoro Truffi (nel 1849 al Teatro Re, dal 1847 al 1856 alla Canobbiana e alla Scala dal 1846 al 1870) [61]. Ritroviamo successivamente quest'ultimo come membro delle commissioni giudicatrici in diverse classi dell'Esposizione musicale di Milano nel 1881, nella quale si presentò e fu premiato Giovanni Bottesini [62].

Nell'arco di tre generazioni di musicisti si son potute seguire le costanti e vivaci espressioni musicali della città, e, nelle doti e qualità ricercate in essa, elemento di continuità fra ciò che diveniva tradizione e ciò che appariva innovazione è quell'attenzione all'«abilità» esecutiva che doveva trasmutare nel XIX secolo nell'alveo delle urgenze virtuosistiche. La solida conoscenza e le consuetudini costanti, filtrate in modo adeguato al mutare dell'epoca, dovevano favorire questo trapasso da un mondo musicale all'altro. Un segnale emblematico di tutto ciò può essere rilevato proprio nella mutata direzione delle presenze dei musicisti: se alla fine del secolo XVIII li abbiamo visti provenire da altri luoghi ed acclimatarsi a Crema, nel XIX secolo assistiamo all'emigrazione dei musicisti formatisi *in loco* verso altre città.

NOTE

(1) È noto come la città, dopo le vicissitudini che in età medioevale ne dovevano forgiare i caratteri distintivi, giungesse alle soglie dell'epoca moderna come avamposto dello Stato Veneto immerso nello stato di Milano, riuscendo a mantenere tale *status* sino all'arrivo dei francesi alla fine del Settecento. Rimandiamo al celebre volume di FRANCESCO SFORZA BENVENUTI, *Storia di Crema*, Milano, coi tipi di Giuseppe Bernardoni di Gio., 1859, ristampa anastatica, Bologna, Arnaldo Forni Editore, 1974 (Biblioteca Istorica della antica e nuova Italia, 3). Citiamo, per brevità, solo gli Atti del convegno *Crema 1185. Una contrastata autonomia politica e territoriale*, Crema, Centro Culturale S. Agostino, 1988 (Quaderni del Centro Culturale S. Agostino, 5) e, per una visione d'insieme, il recente contributo di CARLO PIASTRELLA, *Una storia della città*, in *Crema*, a cura di Pierluciano Guardigli e Angelo Stadiotti, Cremona, Cartesio, 1992 (Comuni d'Italia per l'Europa), pp. 37-83, ora anche in Id., *Crema: cenni storici*, in AA.VV., *Conoscere Crema*, parte seconda, Crema, Centro Culturale S. Agostino, 1993 (Quaderni del Centro Culturale S. Agostino, 12), pp. 5-47. Sui diversi aspetti della vita cittadina, e per i contributi che li delineano in sede storica, rimandiamo al nutrito fondo Autori Cremaschi della locale Biblioteca Comunale. Per un primo raffronto sul versante musicale si vedano OSCAR MISCHIATI, *Profilo storico della cappella musicale in Italia nei secoli XV-XVIII*, in *Musica sacra in Sicilia tra rinascimento e barocco. Atti del convegno di Caltagirone 10-12 dicembre 1985*, a cura di Daniela Ficola, Palermo, S.F. Flaccovio, 1988 (Istituto di Storia della musica dell'Università di Palermo, Studi Musicologici, puncta 5), pp. 23-45, le cui considerazioni sono ora parzialmente confluite in Id., *Profilo storico e istituzionale della cappella musicale in Italia*, in *La cappella musicale nell'Italia della Controriforma, Atti del convegno internazionale di studi nel IV centenario di Fondazione della Cappella Musicale di S. Biagio di Cento, Cento 13-15 ottobre 1989*, a cura di Oscar Mischiati e Paolo Russo, Firenze, Olschki, 1993 (Quaderni della Rivista Italiana di Musicologia, 27), pp. VII-X; nella stessa silloge AGOSTINO BORROMEO, *La storia delle cappelle musicali vista nella prospettiva della storia della Chiesa*, in *La cappella* cit., pp. 229-237. Sulla situazione musicale a Crema cfr. BICE BENVENUTI, *La Musica in Crema. Cenni storici*, Crema, Tip. di Enrico Delmati, 1881; FRANCESCO SFORZA BENVENUTI, *Dizionario Biografico Cremasco*, Crema, [Tipografia Cazzamali], 1888, ristampa anastatica, Bologna, ed. Forni, 1972; GINEVRA TERNI DE GREGORI, *La Musica a Crema*, «Archivio Storico Lombardo», LXXXV (1958), vol. VIII, p. 307 sgg.; FLAVIO ARPINI, *La cappella musicale della Cattedrale di Crema nella prima metà dell'Ottocento*, in *Giovanni Bottesini e la civiltà musicale cremasca. Atti del convegno di studi, Crema 25 ottobre 1989*, a cura di Flavio Arpini e Elena Mariani, Crema, Centro Culturale S. Agostino, 1991 (Quaderni del Centro Culturale S. Agostino, 10), pp. 15-108.

(2) Sui secoli XVI-XVII si veda FLAVIO ARPINI, *La musica a Crema (1508-1671) e la produzione musicale di G.B. Leonetti (il primo libro di madrigali a cinque voci, 1617)*, Tesi di diploma in Paleografia e Filologia Musicale, Università degli Studi di Pavia, a.a. 1983-84, voll. 3, I, pp. 1-110, e bibliografia ivi citata, sull'Ottocento cremasco, ma anche su alcuni aspetti del XVIII secolo, cfr. Id., *La cappella musicale*, cit., pp. 15-108 ed indicazioni

bibliografiche espresse alle note 2 e 20. Sulla religiosità in terra cremasca si consideri solo il numero di monasteri e di luoghi di culto che in un breve giro di mura si succedettero sino alla soppressione e al ridimensionamento forzato nell'Ottocento, citiamo solo, emblematicamente, gli otto monasteri rilevati all'inizio del Cinquecento da Alemanio Fino (cfr. ALEMANIO FINO, *Storia di Crema raccolta per Alemano Fino dagli Annali di M. Pietro Terni*, ristampata con annotazioni di Giuseppe Racchetti per cura di Giovanni Solera, Crema 1844-45 fascicolo VI, pp. 131-138), ed i circa cinquanta luoghi di culto sottolineati da MARIO DE GRAZIA, *Una 'guida' di Crema e del cremasco del 1670*, in *Momenti di Storia Cremasca*, Crema, 1982, pp. 124-137.

(3) Si raffrontino gli organici posti in appendice ai contributi di FLAVIO ARPINI, *La cappella musicale*, cit., pp. 29 e sgg. ed ELENA MARIANI, *Il teatro d'opera a Crema nella prima metà dell'Ottocento*, in *Giovanni Bottesini e la civiltà* cit., pp. 109-172: 122 sgg. Inoltre cfr. LICIA SIRCH, *Attività e istituzioni musicali private a Crema nella prima metà dell'Ottocento*, in *Giovanni Bottesini e la civiltà* cit., pp. 173-190 ed anche Id., *La giovinezza e gli studi*, in *Giovanni Bottesini 1821-1889*, a cura di Gaspare Nello Vetro, Parma, Centro Studi e Ricerche dell'Amministrazione dell'Università degli Studi di Parma, 1989, pp. 27-40.

(4) Archivio del Consorzio del Santissimo Sacramento presso la Cattedrale di Crema, d'ora in poi ACSS, vol. VII *Unioni e Determinazioni 1767-1806*, cc. 52*v*, 53*r*, 14 febbraio 1782, ora trascritto in FLAVIO ARPINI, *La cappella musicale* cit., pp. 86-88. Vorrei esprimere la mia gratitudine al responsabile dell'Archivio del Consorzio del Santissimo Sacramento presso la Cattedrale di Crema, don Paolo Uberti Foppa, per la cortese disponibilità alla consultazione della preziosa raccolta manoscritta.

(5) ACSS, vol. VII *Unioni e Determinazioni 1767-1806*, cc 52*v*, 53*r*, 14 febbraio 1782, doc. cit., capitolo sesto. La necessità delle fedi giurate venne riaffermata poco dopo, cfr. nello stesso vol. VII *Unioni e Determinazioni* cit., alla data 9 giugno 1783, c. 57*r*; il passo in questione, leggibile alla c. 58*r*, è riprodotto in FLAVIO ARPINI, *La cappella musicale* cit., p. 23, nota 15.

(6) Si veda il caso dello stesso Cogliati che si propose quale sostituto del violinista Giuseppe Pastori, cfr. vol. VII *Unioni e Determinazioni* cit., cc. 52*v*, 53*r*, 14 febbraio 1782, doc. cit., capitolo secondo e c. 33*r*, in data 28 aprile 1776, la trascrizione è reperibile in FLAVIO ARPINI, *La cappella musicale* cit., p. 85-6.

(7) Cfr. *ibi*, in particolare le note 16 e 29 ed i documenti trascritti ai n. 2 e 3. Sulla scuola strumentale si vedano le puntualizzazioni di LICIA SIRCH, *Attività e istituzioni musicali private a Crema* cit., pp. 174-175.

(8) Per tutti rimandiamo alle recenti puntualizzazioni biografiche stese da GASPARE NELLO VETRO, *Cronologia*, in *Giovanni Bottesini* cit., pp. 1-25 e nota bibliografica.

(9) Cfr. LICIA SIRCH, *La giovinezza* cit., pp. 28-29; Id., *Attività e istituzioni musicali private a Crema* cit., pp. 174-178; FLAVIO ARPINI, *La cappella musicale* cit., pp. 17, 19.

(10) Le suppliche sono conservate oggi nelle cartelle *Cappella di Musica, Organisti e Sindaci e Deliberazioni dal 1548 al 1693. Deliberazioni dal 1548 al 1681 e dal 1780 al 1806*, tutte appartenenti all'Archivio del Consorzio del Santissimo Sacramento presso la Cattedrale

di Crema. Presentate al Consiglio del Consorzio per l'approvazione, e a tale scopo lette ad alta voce, venivano poi ricopiate nei volumi *Unioni e Determinazioni*, questa procedura ci permette, a volte, di poter leggere suppliche non pervenute nell'originale e, negli altri casi, di controllarne la versione accettata nei registri.

(11) Si tratta di Paolo Stramezzi, Gaetano Guerini e Luigi Comnasio (violinisti), Alessio Bonamano (contrabbassista), Carlo Guerini e Giovan Battista Terzi (oboisti), Luigi Andriani e Francesco Fasciotti (musici soprani), Giovanni Meroni (tenore), Domenico Covi (basso). Per la documentazione si vedano in Appendice le trascrizioni.

L'uso delle suppliche permarrà, anche se in misura minore, durante la direzione di Pavesi, ma quelle pervenuteci, risalenti a tale periodo, sono soprattutto incentrate sulla certificazione dei doveri svolti, al fine di richiedere con maggior forza gli emolumenti pattuiti. In tal modo, però, sono confinati o elusi quegli aspetti valutativi e di giudizio che divengono per noi interessanti in questa sede.

(12) ACSS, cartella *Sindaci e Deliberazioni dal 1548 al 1693. Deliberazioni dal 1548 al 1681 e dal 1780 al 1806*, fede di Alessio Bonamano, sottoscritta da Carlo Cogliati, datata 5 gennaio 1790; documento trascritto nel vol. VII, *Unioni e Determinazioni* cit., c. 77v, in data 10 gennaio 1790.

(13) ACSS, cartella *Sindaci e Deliberazioni* cit., fede di Alessio Bonamano, sottoscritta da Paolo Nevodini, datata 4 gennaio 1790 e riportata nel vol. VII, *Unioni e Determinazioni* cit., c. 77v, nel verbale della riunione tenutasi il 10 gennaio 1790.

(14) ACSS, cartella *Sindaci e Deliberazioni* cit., fede di Luigi Andriani, sottoscritta da Paolo Nevodini e Carlo Cogliati, datata 8 gennaio 1790. La stessa fede si ritrova nel vol. VII, *Unioni e Determinazioni* cit., c. 76v, annotata in data 10 gennaio 1790. Si noti che i firmatari sottoscrivono i loro rispettivi titoli con la specificazione «d'Ambe le Capelle della Cattedrale». Sui problemi connessi alla committenza musicale nella Cattedrale di Crema e alla compresenza di più enti deputati alla gestione del corpo di musicisti interessato, rimando al mio precedente contributo *La cappella musicale*, cit., pp. 15-19.

(15) ACSS, cartella *Sindaci e Deliberazioni* cit., fede di Luigi Andriani, sottoscritta da Giuseppe Gazzaniga, datata 5 giugno 1795. Si può altresì leggere alla c. 93 del vol. VII, *Unioni e Determinazioni* cit., alla stessa data.

(16) ACSS, cartella *Sindaci e Deliberazioni* cit., fede di Francesco Fasciotti, sottoscritta da Giuseppe Gazzaniga e Carlo Cogliati il 23 dicembre 1795. Bergamasco si dichiara lo stesso musico soprano nella supplica prodotta e ricopiata con la fede nel vol. VII, *Unioni e Determinazioni* cit., c. 94, alla stessa data. Francesco Fasciotti, in seguito, lo ritroveremo impegnato alla Scala di Milano, interprete nel ruolo di Idante nell'*Idante ovvero I sagrifizij d'Ecate. Dramma per musica da rappresentarsi [...] il Carnevale dell'anno 1800*, in quello di Lovinski nella *Lodoiska* rappresentata nella stessa stagione, e di Davide ne *Il Trionfo di Davide. Azione sacra in musica* (data nella quaresima del 1811), inoltre, ma questa volta al Teatro S. Carlo di Napoli nel 1802, nel ruolo di Atamaro, nel dramma *Sesostri*, cfr. MARIA LETIZIA DORSI, *I libretti d'opera dal 1800 al 1825 nella Biblioteca del Conservatorio «Giuseppe Verdi» di Milano*, «Musica e Teatro» (Quaderni degli Amici della Scala), III (1987), n. 4/5, schede n. 275, 320, 489, 545. Per *Il Trionfo di Davide* si vedano anche le puntualizzazioni in GIUSEPPE TINTORI, *Cronologia completa degli spettacoli e dei concerti* in CARLO GATTI, *Il Teatro alla Scala nella storia e nell'arte (1778-1963)*, Milano, Ricordi, 1964, p. 24.

14

(17) ACSS, cartella *Sindaci e Deliberazioni* cit., fede di Domenico Covi, sottoscritta da Giuseppe Gazzaniga e Carlo Cogliati nel 1795, si veda anche il vol. VII *Unioni e Determinazioni* cit., c. 92bis *v*, 12 luglio 1795.

(18) Come si è visto rispettivamente nel caso di Domenico Covi (la cui lunga permanenza nelle file dei cantori ordinari della cappella è forse da leggersi anche in tal senso), in quello di Francesco Fasciotti e di Luigi Andriani, dalla cui fede è tratta la citazione nel testo.

(19) ACSS, cartella *Sindaci e Deliberazioni* cit., fede sottoscritta da Giuseppe Gazzaniga nel 1799 per Giovanni Meroni, cfr. vol. VII, *Unioni e Determinazioni* cit., c. 100*r*, 12 ottobre 1799.

(20) ACSS, cartella *Sindaci e Deliberazioni* cit., supplica di Giovanni Meroni, copiata nel vol. VII *Unioni e Determinazioni* cit., c. 100, 12 ottobre 1799.

(21) ACSS, cartella *Sindaci e Deliberazioni* cit., fede dei fratelli Luigi e Francesco Tarra, sottoscritta da Giuseppe Gazzaniga e datata 13 marzo 1796, la si può leggere anche nel vol. VII. *Unioni e Determinazioni* cit., c. 94*v*.

(22) ACSS, cartella *Sindaci e Deliberazioni* cit., fedi per Gaetano Guerini sottoscritte da Giuseppe Gazzaniga e Carlo Cogliati, lo stesso testo si trova anche nel vol. VII *Unioni e Determinazioni* cit., alla c. 100, in data 12 ottobre 1799.

(23) ACSS, cartella *Sindaci e Deliberazioni* cit., fede di Luigi Comnasio, sottoscritta da Paolo Stramezzi, datata 24 marzo 1800; nel registro più volte citato, vol. VII *Unioni e Determinazioni*, la si legge alla c. 100*v* annotata nel verbale della riunione tenutasi il 27 marzo 1800.

(24) ACSS, cartella *Sindaci e Deliberazioni* cit., fede per Luigi Comnasio, sottoscritta da Carlo Cogliati, datata 23 marzo 1800; anche in questo caso la si può leggere nel vol. VII *Unioni e Determinazioni* cit., c. 100*v*, 27 marzo 1800.

(25) ACSS, cartella *Sindaci e Deliberazioni* cit., fede di Luigi Comnasio, sottoscritta da Giuseppe Gazzaniga, datata 17 marzo 1800 e riportata nel vol. VII *Unioni e Determinazioni*cit., c. 100*v*, 27 marzo 1800.

(26) Si tratta del violinista Giovanni Battista Guerini, cfr. ACSS, vol. VII *Unioni e Determinazioni* cit., cc. 52*v*, 53*r*, 14 febbraio 1782, capitolo terzo, ora anche in FLAVIO ARPINI, *La cappella musicale* cit., pp. 86-88.

(27) ACSS, cartella *Sindaci e Deliberazioni* cit., fede per Paolo Stramezzi, sottoscritta da Carlo Cogliati, datata 4 luglio 1790, cfr. vol. VII *Unioni e Determinazioni*, c. 80*v*, 5 luglio 1790.

(28) Successe a Carlo Cogliati nell'orchestra della cappella, cfr. FLAVIO ARPINI, *La cappella musicale* cit., nota 29, *ad vocem* negli organici in Appendice e nell'*Elenco alfabetico*, pp. 29 sgg.

(29) Guerini Antonio (violoncellista), Giovanni (o Giovanni Battista) e Gaetano (violinisti); Paolo e Pietro Stramezzi (violinista e violista il primo, violinista il secondo); Marzetti Giovanni e Giacomo (contrabbassisti); Rè Carlo e Giovanni Battista (padre e figlio, violinisti); Truffi Giuseppe (violinista e poi violoncellista), Antonio (violinista), Isidoro (violoncellista); si vedano i contributi di Flavio Arpini, Elena Mariani e Licia Sirch nel volume *Giovanni Bottesini e la civiltà* cit., in particolare gli organici riprodotti e i documenti

trascritti. Del nucleo Bottesini è già stata sottolineata la familiarità con gli archi, ricorderò solo come anche il padre di Giovanni, Pietro, prima di dedicarsi al clarinetto venisse annotato fra i registri dell'ACSS quale violinista.

(30) ACSS, cartella *Sindaci e Deliberazioni* cit., fede di Carlo Guerini sottoscritta da Giuseppe Gazzaniga il 13 dicembre 1803; la si può confrontare con la trascrizione data nel vol. VII *Unioni e Determinazioni* cit., c. 106*v*, 14 dicembre 1803.

(31) Cfr. *Giovanni Bottesini e la civiltà* cit., in particolare i contributi sulle istituzioni musicali cremasche.

(32) Una prima indicazione sulle musiche conservate alla Biblioteca Comunale di Crema è data in FLAVIO ARPINI, *La produzione sacra di Giuseppe Gazzaniga nella Biblioteca Comunale di Crema*, in *Gli affetti convenienti all'idee. Studi sulla musica vocale italiana*, a cura di Maria Caraci Vela, Rosa Cafiero e Angela Romagnoli, Napoli, Edizioni Scientifiche Italiane, 1993 (Archivio del Teatro e dello Spettacolo, 3), pp. 529-545.

(33) Così ad esempio le trombe lunghe richieste dalle parti separate per l'esecuzione del *Confitebor* in Mi*b* maggiore forse sono da mettere in relazione ai fratelli Tarra, e l'oboe obbligato richiesto per il *Gloria* in Do maggiore datato 1807 può essere messo in relazione con Giovanni Terzi o proprio con quel Carlo Guerini già incontrato nelle fedi, essendo entrambi in carica in quegli anni presso la locale cappella della Cattedrale. Per lo stesso brano, il *Gloria*, la parte del corno può forse associarsi a Vincenzo Bonamano o a Michele Stramezzi, quella della viola a Paolo Stramezzi. D'altronde per la parte della viola obbligata richiesta nel *De Profundis* in Re datato 1796, come non pensare a Paolo Stramezzi, così pure come ad Antonio Guerini per la variante strumentale per violoncello prevista nella parte separata del medesimo brano? Per un quadro delle parti obbligate richieste nei manoscritti di Giuseppe Gazzaniga conservati alla Biblioteca Comunale locale cfr. FLAVIO ARPINI, *La produzione sacra* cit., p. 542-545.

(34) Il Gazzaniga in un frammento di lettera rinvenuto fra le carte di una sua partitura, definiva «rivestita da Festa» una nuova versione di una sua Messa, cfr. *ibi*, p. 538.

(35) Intendiamo il *Tantum ergo* in Fa *a 4 voci / Per il Tenore e la P.e principale / con 3 flauti e corni obbligati* e la parte separata destinata al violoncello per il *De Profundis* in Re datato 1796, cfr. *ibi*, p. 542 e 544.

(36) Cfr. AGOSTINA ZECCA LATERZA, *Bonifacio Asioli maestro e direttore della Real Musica*, «Chigiana», XXVI-XXVII (1969-1970), N.S. 6-7, pp. 61-76.

(37) Rammentiamo inoltre come il Pollini sia il dedicatario della *Sonnambula*. Cfr. AGOSTINA ZECCA LATERZA, *op. cit.*; sui rapporti fra Pollini e Bellini si veda MARIA ROSARIA ADAMO, *Vincenzo Bellini. Biografia*, in MARIA ROSARIA ADAMO - FRIEDRICH LIPPMANN, *Vincenzo Bellini*, Torino, ERI, 1981, pp. 9-311. Inoltre, sulla fondazione del Conservatorio di Milano e l'ambiente in cui avvenne, AGOSTINA ZECCA LATERZA, *Nascita di una biblioteca musicale pubblica*, in AA.VV., *Il Conservatorio di musica per la cultura milanese dal 1808 al 1860: nascita di una biblioteca musicale pubblica*, Milano, 1980; nella stessa silloge si vedano anche GABRIELE MANCA, *Conservatorio nascita di un'istituzione*, ELISA MARINI, *Saggi e Accademie pubbliche al Conservatorio*, CARLA MORENI, *La musica nelle case private e il conservatorio*. Sulla figura di Bonifacio Asioli, oltre al sag-

gio di Agostina Zecca Laterza poco sopra citato, rimandiamo a CLAUDIO GALLICO, *Scena nel Saul*, in *Il melodramma italiano dell'Ottocento. Studi e ricerche per Massimo Mila*, a cura di Giorgio Pestelli, Torino, Einaudi, 1977, pp. 539-44; si veda anche RENATO DI BENEDETTO, *Lineamenti di una teoria della melodia nella trattatistica italiana fra il 1790 e il 1830*, «Analecta Musicologica», XXI (1982), pp. 421-443; in relazione a Giovanni Bottesini cfr. LICIA SIRCH, *La giovinezza* cit., pp. 30-31.

(38) Cfr. FLAVIO ARPINI, *La cappella musicale* cit., p. 15-108.

(39) E qui basti ricordare l'azione fondamentale di Alessandro Rolla per l'orchestra del Teatro alla Scala, cfr. GIOVANNI CARLI BALLOLA, *La formica della Scala*, in *Alessandro Rolla. Atti del convegno*, a cura di Luigi Inzaghi e Luigi Tomaselli, Amministrazione di Pavia, Assessorato all'Istruzione, ai Servizi Culturali e all'Informazione, Pavia, 1984, pp. 19 sgg.; nello stesso volume si vedano gli interventi di AGOSTINA ZECCA LATERZA, *L'attività di Alessandro Rolla al Conservatorio di Milano*, pp. 225 sgg. e SERGIO MARTINOTTI, *Rolla e l'Ottocento strumentale italiano*, p. 241 sgg. Ancora su Milano cfr. GUIDO SALVETTI, *Musica da camera nel primo Ottocento milanese*, in *Il Conservatorio di musica* cit. Sulla musica strumentale italiana fra Sette e Ottocento si vedano anche BEA FRIEDLAND, *Italy's Ottocento: notes from the musical underground*, «The Musical Quarterly», LVI (1970), n. 1 pp. 27-53; SERGIO MARTINOTTI, *I Concerti di Paganini nello strumentalismo italiano del primo '800*, in *Atti del Convegno di studi «Muzio Clementi e la musica strumentale del suo tempo», Siena 29-31 luglio 1982*, «Chigiana», XXXVIII (1982), N.S. 18, pp. 137-164 parzialmente confluito in Id., *La musica strumentale italiana nel primo Ottocento* in *Nicolò Paganini e il suo tempo. Atti del Convegno Internazionale*, a cura di Raffaello Monterosso, Genova, 1984, pp. 181-200; GIOVANNI CARLI BALLOLA, *Civiltà strumentale dell'Ottocento italiano*, «Chigiana», XXVI-XXVII (1969-1970), N.S. 6-7, pp. 593-7; GUIDO SALVETTI, *Luigi Boccherini nell'ambito del quartetto italiano del secondo Settecento*, «Analecta Musicologica», XII (1973), pp. 227-252; Id., *L'ultima fase del quartettismo italiano tra Viotti e Paganini*, in *Atti del Convegno di studi «Muzio Clementi»* cit., pp. 165-176; Id., *I Quartetti di Beethoven nella «rinascita strumentale italiana» dell'Ottocento*, «Analecta Musicologica», XXII (1984), pp. 479-495; e, in relazione a Bottesini, GIOVANNI CARLI BALLOLA, *Due volti di Bottesini*, in *Giovanni Bottesini e la civiltà* cit., pp. 1-6 e SERGIO MARTINOTTI, *Bottesini e la «misura» del Quartetto*, in AA.VV., *Giovanni Bottesini, virtuoso del contrabbasso e compositore*, Milano, Nuove Edizioni, 1989, pp. 95-102.

(40) Cfr. i contributi raccolti in *Giovanni Bottesini e la civiltà musicale cremasca*, in particolare, per gli aspetti legati alla Società Filarmonica e alla banda, rimandiamo a quanto detto in LICIA SIRCH, *Attività e istituzioni musicali private a Crema* cit., pp. 173-190 e Id., *La giovinezza* cit., pp. 28-29.

(41) Cfr. la lettera di Giuseppe Gazzaniga indirizzata a Giovanni Simone Mayr riprodotta in LUDWIG SCHIEDERMAIR, *Briefe Teresa Belloc's, Giuseppe Foppa's und Giuseppe Gazzaniga's an Simon Mayr*, «Sammelbände der Internationalen Musik-Gesellschaft», VIII (1906-1907), pp. 615-629; per le considerazioni riguardanti «certi buffoni sciocchi che si danno il nome di maestro» rimandiamo a FLAVIO ARPINI, *La musica sacra* cit., pp. 534-535.

(42) *Ibidem*.

(43) È noto come a Londra nell'agosto 1856 Bazzini, Arditi, Piatti e Bottesini eseguirono cinque quartetti inediti di Donizetti, cfr. GASPARE NELLO VETRO, *Cronologia* cit., p. 6. Per i rapporti fra la musica cameristica di Bottesini e il Quartetto di Giuseppe Verdi cfr. GIOVANNI CARLI BALLOLA, *I due volti di Bottesini* cit., p. 6; sui rapporti fra Bottesini e Verdi si veda PIERO SANTI, *Bottesini e Verdi*, in *Giovanni Bottesini e la civiltà*, cit. pp. 7-14.

(44) Per una prima definizione dei ruoli di Pietro Bottesini nella vita musicale cremasca cfr. LICIA SIRCH, *La giovinezza* cit., pp. 27-32.

(45) Conservata nella Biblioteca Comunale di Correggio e nella Biblioteca della Fondazione Greggiati di Ostiglia; vorrei ringraziare qui i responsabili dell'Ufficio Ricerca Fondi Musicali di Milano per l'utilizzo concessomi del loro prezioso schedario, da cui traggo le indicazioni relative ai luoghi di conservazione delle opere citate.

(46) Conservata nelle Biblioteche dell'Istituto Musicale di Genova, del Liceo Musicale di Modena e del Conservatorio di Milano.

(47) Stampa consultabile sia presso la Biblioteca del Conservatorio di Milano sia presso il Museo di Crema.

(48) Sull'editoria musicale italiana fra Sette e Ottocento si veda il quadro complessivo tracciato da BIANCA MARIA ANTOLINI, *L'editoria musicale in Italia dal Settecento al Novecento. Fonti e Bibliografia*, in *Le fonti musicali in Italia. Studi e ricerche*, III (1989), CIDIM, 1991, pp. 33-55; sull'editoria milanese cfr. AGOSTINA ZECCA LATERZA, *Milanese music publishers in the first half of the nineteenth century*, «Fontes Artis Musicae», XXXII (1985), n. 1, pp. 30-31; Id., *Nascita di una biblioteca musicale pubblica* cit., Id., *Il Catalogo numerico Ricordi 1857 con date e indici*, Roma, Nuovo Istituto Editoriale Italiano, 1984, e di PHILIPP GOSSETT, la *Prefazione*, allo stesso, pp. V-XII, inoltre cfr. AGOSTINA ZECCA LATERZA, *Le edizioni Ricordi in Pazdirek Handbuch*, «Fontes Artis Musicae», XXXIII (1986), n. 3, pp. 240-244.

(49) I dati riprodotti sono leggibili in AGOSTINA ZECCA LATERZA, *Il Catalogo numerico Ricordi 1857* cit., p. 182 sgg. Presso la Biblioteca del Conservatorio di Milano sono conservate le seguenti opere: *Andante e Variazioni per Flauto e Clarinetto con accompagnamento di due Violini Viola e Violoncello*, Ricordi 5474 (segnatura A-32/35-18 bis); *Divertimento per Clarinetto con accompagnamento di due Violini, Viola e Violoncello*, Carulli n. 128 (segnatura A-34-8-8); *Tema con variazioni per Clarinetto con accompagnamento di Pianoforte*, Lucca n. 2580 (segnatura A-34-8-7); *Duetto per clarinetto e cornetta* (segnatura Da Camera Ms 4/9). Vorrei ringraziare la direttrice della Biblioteca del Conservatorio di Milano, dr. Agostina Zecca Laterza, per le preziose indicazioni in merito alle opere consultate e per i dati, riguardanti le datazioni delle stampe di Pietro Bottesini e di Giuliano Petrali, messi cortesemente a disposizione, che provengono dal *Catalogo datato degli editori milanesi nella prima metà dell'Ottocento*, volume in preparazione.

(50) Cfr. AGOSTINA ZECCA LATERZA, *Il catalogo numerico Ricordi 1857*, pp. 205 e 211.

(51) Cfr. l'esemplare conservato presso la Biblioteca del Conservatorio di Milano, segnatura I-A-449-40.

(52) Si scorrano le opere di Giovanni Bottesini in GASPARE NELLO VETRO, *Elenco delle composizioni e delle edizioni*, in *Giovanni Bottesini 1821-1889* cit., pp. 165-184 alle voci Rêverie, Fantasia.

(53) Volendo avvalersi delle indicazioni provenienti dalle stampe e dai cataloghi al fine di una datazione delle musiche, dovremo considerare la data di stampa e quella di deposito all'Ufficio di Censura e considerarle quali termini cronologici di un evento compositivo evidentemente giunto al termine. In tal modo si evidenziano gli estremi cronologici di una azione editoriale e si possono avanzare ipotesi riguardanti quella compositiva. All'agosto 1831 risale il deposito all'Ufficio di Censura milanese dell'*Andante e Variazioni per flauto e clarinetto [...]*, Ricordi n. 5474, cfr. AGOSTINA ZECCA LATERZA, *Il Catalogo numerico Ricordi 1857* cit., p. 182. Nel caso del *Tema con Variazioni per clarinetto con accompagnamento di Pianoforte*, edito da Francesco Lucca, possiamo indicare l'anno di stampa: 1842. La stampa reca il n. 2580 anzi 3580 (nei cataloghi dell'editore) quasi sicuramente per errore dell'incisore. Cfr. Id., *Catalogo datato degli editori milanesi* cit.

(54) Così parrebbe di poter evincere dalla numerazione delle opere in relazione al piano editoriale della casa editrice, cfr. Id., *Il Catalogo numerico Ricordi 1857* cit., pp. 182 sgg.

(55) Cfr. Id., *Nascita di una biblioteca musicale pubblica* cit.; per le date di stampa delle edizioni Carulli n. 70 (maggio 1825), 128 (agosto 1827), 139 (1827) e 143 (1827) cfr. Id., *Catalogo datato degli editori milanesi* cit.

(56) Cfr. PHILIPP GOSSETT, *Prefazione*, in AGOSTINA ZECCA LATERZA, *Il Catalogo numerico Ricordi 1857* cit., p. V-XII.

(57) Cfr. ELENA MARIANI, *Il teatro d'opera a Crema* cit., in particolare *Tabella 1. Elenco cronologico delle opere rappresentate nel teatro di Crema (1779-1850)*, pp. 122 sgg. Se invece pensiamo alla piazza milanese dovremo riferirci al 1828 per l'*Eduardo e Cristina* e al 1824 per la *Semiramide*, cfr. GIUSEPPE TINTORI, *Cronologia completa degli spettacoli e dei concerti* cit., alla data.

(58) Cfr. AGOSTINA ZECCA LATERZA, *Catalogo datato degli editori milanesi* cit.

(59) Cfr. Id., *Il Catalogo numerico Ricordi 1857* cit., p. 386, depositate nell'agosto 1839 e segnate con il numero Ricordi 11422 compaiono «3 Ariette per S. (in Ch. di Sol). N. 1 *La Canzone festiva del Pastore*. N. 2 *La Pesca*. N. 3 *Il Marinaro*», di Giovanni Bottesini.

(60) Già una annotazione nell'ACSS, *Mastro H, c 218r*, in data 30 settembre 1836 segnalava «essendosi absentato stabilmente da q(ues)ta Città» (cfr. FLAVIO ARPINI, *La cappella musicale* cit., *Elenco alfabetico*, pp. 75 sgg.), dato confermato anche dalla supplica di Giuseppe Massari, violinista, inoltrata alla Fabbriceria della Cattedrale di Crema in data 27 novembre 1835 per la sua assunzione e accettata il 16 settembre 1836 poiché «Cesare Bottesini» risultava essersi «portato stabilmente a Milano», cfr. il documento citato in ACSS, cartella *Cappella di Musica*. Per la presenza a Milano di Cesare Bottesini si vedano i libretti delle opere *La Gazza ladra, La Sonnambula, Lucia di Lammermoor, Il barbiere di Siviglia* (tutti della primavera 1837), dove compare come «Violino di spalla» e quelli delle opere *Gemma di Viergy* e *L'Orfano di Lancisa* (estate 1838) dove viene segnalato quale «Primo Violino dei Secondi». I libretti consultati sono conservati presso la Bibliothèque-Musée dell'Opéra di Parigi (d'ora in poi F-Po), segnatura Liv. it. 3658/1-14. Sul fondo italiano, ora a Parigi, al quale appartengono, si veda lo studio di ROBERTA CARPANI, *«La Drammaturgia Milanese»* di Lodovico Silvestri nella *Bibliothèque-Musée*

de *l'Opéra di Parigi. Una fonte per la storia dello spettacolo a Milano*, «Medioevo e Rinascimento. Annuario del Dipartimento di Studi sul Medioevo e il Rinascimento dell'Università di Firenze», VI/n.s., III (1992), pp. 375-389, ed anche Id., «*La Drammaturgia Milanese*» di *Lodovico Silvestri alla Bibliothèque-Musée de L'Opéra di Parigi: Catalogo dei testi stampati fino al 1714*, in *Forme della scena barocca* a cura di Annamaria Cascetta, «Comunicazioni Sociali», XV, 1993, n. 2-3, pp. 241-340.

(61) Antonio Truffi figura fra i violini secondi nei libretti delle opere *Chi dura vince* (carnevale 1840-41), *La Cantante* e *I due Sergenti* (carnevale 1841), cfr. F-Po Liv. it. 3659/1-18 e «Primo Violino de' Secondi» nella *Lucrezia Borgia* (estate 1845), cfr. F-Po Liv. it. 3660/1-20. Giuseppe Santelli lo ritroviamo nelle opere *Piero de' Medici* (carnevale e quaresima 1869-70) *Amleto* e *Don Giovanni* (estate 1871) come prima viola «pel Ballo», cfr. F-Po Liv. it. 3626/1-9. Isidoro Truffi compare come primo violoncello al cembalo al Teatro Re ne i *Masnadieri* (carnevale 1848-49; cfr. F-Po Liv. it. 3660/19); alla Canobbiana, come primo violoncello al cembalo o in sostituzione al primo violoncello, nel carnevale 1847 (*I Capuleti ed i Montecchi*; cfr. F-Po Liv. it. 3605/7), nell'autunno 1851 (*Atala, I Gladiatori, L'Orfanella*; cfr. F-Po Liv. it. 3607/1-21), 1852 (*Fiorina, Matilde di Scozia*; cfr. F-Po Liv. it. 3608/1-23), 1854 (*La Saracena*; cfr. F-Po Liv. it. 3610/16), 1855 (*La Favorita, La Sirena, Gli Ugonotti*; cfr. F-Po Liv. it. 3611/1-23), nella primavera 1856 (*La Stella del Nord, Le Due Regine*; cfr. F-Po Liv. it. 3612/1-27) e nell'autunno 1856 (*La Traviata, Il Trovatore, Norma, La Fanciulla delle Asturie*; cfr. F-Po Liv. it. 3612/1-27); alla Scala, come altro primo violoncello, o in sostituzione del primo violoncello, o, ancora, come primo violoncello, nella primavera 1846 (*Roberto il Diavolo*; cfr. F-Po Liv. it. 3626/8), nel carnevale 1848-49 (*Lo Schiavo Saraceno*; cfr. F-Po Liv. it. 3605/1), 1849 (*Macbeth*; cfr. F-Po Liv. it. 3605/5), 1849-50 (*Attila*; cfr. F-Po Liv. it. 3606/1), 1850-51 (*Maria di Rohan, Il Bravo*; cfr. F-Po Liv. it. 3607/3-4), 1851 (*Poliuto*; cfr. F-Po 3609/4), 1851-52 (*Luisa Miller, Attila, Macbeth, La figlia del Poscritto, Le Sabine, Carlo Magno, Giovanna La Pazza*; cfr. F-Po Liv. it. 3608/1-23 e Liv. it. 3612/16), 1852-53 (*Luigi V, Rigoletto, Il Cid*; cfr. F-Po Liv. it. 3609/1-22), nell'autunno 1853 (*Il Trovatore, I Masnadieri, Ernani, Bondelmonte, Gelmina, L'Assedio di Corinto*; cfr. F-Po Liv. it. 3609/1-22), e ancora nel carnevale 1853-54 (*Il Convito di Baldassare, Ottavia, Mosè, Genoveffa di Brabante*; cfr. F-Po Liv. it. 3610/1-27), 1854-55 (*Marco Visconti*; cfr. F-Po Liv. it. 3611/1), carnevale e quaresima 1854-55 (*Il Trovatore*; cfr. F-Po Liv. it. 3611/4), primavera 1855 (*Il Profeta*; cfr. F-Po Liv. it. 3611.14), carnevale e quaresima 1855-56 (*L'Ebreo, Il Profeta, Giovanna de Guzman;* cfr. F-Po Liv. it. 3612/1-27), quaresima 1856 (*L'Assedio di Leida*; cfr. F-Po Liv. it. 3612/10), primavera 1856 (*Elena di Tolosa*; cfr. F-Po Liv. it. 3612/12), carnevale e quaresima 1869-70 (*Piero de' Medici*; cfr. F-Po Liv. it. 3626/1). Lo stesso Isidoro Truffi risulta quale violoncellista al Teatro alla Scala, secondo Pompeo Cambiasi, anche negli anni 1849, 1859, 1863, 1869, 1873, 1879 e 1881; cfr. POMPEO CAMBIASI, *Teatro alla Scala, 1778-1881*, Milano, Ed. Ricordi, 1881, pp. 113-116.

L'elenco delle opere proviene da un sondaggio condotto nel fondo italiano presso la Bibliotèque-Musée de l'Opéra di Parigi e non è da intendersi come frutto di una ricerca risolutiva.

(62) Nella «Gazzetta Musicale di Milano», 1881, p. 237, Isidoro Truffi compare nelle commissioni giudicatrici del «Gruppo IV. Classe 24.a *Strumenti a pizzico*» e «Gruppo V. Classe 32.a *Istrumenti antichi e rari*». Sulla partecipazione di Giovanni Bottesini all'Esposizione con la *Messa da Requiem* si vedano le novità che emergono dalle lettere inedite, messe gentilmente a disposizione dal conte Ferrante Benvenuti e pubblicate in Appendice al volume, riguardanti l'iscrizione del compositore alla classe di concorso ed i passaggi subiti dalla partitura sia verso Milano che nel ritorno, senza esito, con silenzi e vicende che stupirono lo stesso contrabbassista. Vorrei rammentare qui, inoltre, che alla stessa Esposizione, partecipò anche Bice Benvenuti con il libello *La Musica in Crema. Cenni storici*, cfr. in proposito FRANCESCO SFORZA BENVENUTI, *Dizionario Biografico Cremasco* cit., pp. 30-32; inoltre cfr. *Esposizione Musicale sotto il patrocinio di S.M. la Regina, Milano 1881. Catalogo. Gruppi I, II e III*, Milano, Tipografia Luigi di Giacomo Pirola, 1881, p. 52. Alla stessa Esposizione vennero spediti da Crema molti manoscritti musicali di Giuseppe Gazzaniga, Stefano Pavesi ed altri compositori; ancor'oggi gli stessi esemplari, conservati presso la Biblioteca Comunale di Crema, recano una targhetta che ne denunzia la partecipazione. Al proposito si veda anche *Esposizione Musicale sotto il patrocinio di S.M. la Regina, Milano 1881. Catalogo. Gruppi IV, V e VI*, Milano, Tipografia Luigi di Giacomo Pirola, 1881, p. 28.

APPENDICE

TRASCRIZIONE DI DOCUMENTI

Le suppliche e le fedi qui trascritte appartengono all'Archivio del Consorzio del Santissimo Sacramento presso la Cattedrale di Crema, cartella *Sindaci e Deliberazioni dal 1548 al 1693. Deliberazioni dal 1548 al 1681 e dal 1780 al 1806.* Laddove i documenti ponessero dubbi circa la loro datazione, si è segnalata la data della loro eventuale annotazione nel vol. VII *Unioni e Determinazioni 1767-1806*, registro appartenente al medesimo Archivio. Nella trascrizione sono state conservate la grafia e la punteggiatura originali, intervenendo solo per ovviare a possibili incomprensioni; le abbreviazioni sono state per lo più sciolte evidenziando l'integrazione con l'uso delle parentesi tonde.

Doc. n. 1: fede di Giovan Battista Terzi, sottoscritta da Carlo Cogliati, 26 luglio 1784.

Crema 26. Luglio *1784*
Faccio fede io inf(rascritt)o, che il Sig.ʳ Gio Batta Terzi Suonatore d'Oboe, è Sogetto capace di Sostenere il posto di Secondo Oboe nella Capella di questa nostra Cattedrale; e ciò per prove continue che ha dato, nel essersi sempre esercitato gratuitamente, per il Servizio della Sod(ett)a Cattedrale; e nel Servizio delle altre Chiese, dove è stato ricercato, in fede Carlo Cogliati P.ᵐᵒ *Violino.*

Doc. n. 2: fede di Alessio Bonamano, sottoscritta da Paolo Nevodini, 4 gennaio 1790.

Addi 4: Gennajo 1790 Crema. Io sottoscritto faccio fede che il Sig:ʳ Alessio Bonamani Sonatore di Contrabasso essere uomo capacissimo d'occupare il posto nella Cappella di questa insigne Cattedrale non meno in qualunque Siasi alto [*sic*] luogo.
Paolo Nevodini Mestro di Cappella della Cattedrale di Crema.

Doc. n. 3: fede di Alessio Bonamano, sottoscritta da Carlo Cogliati, 5 gennaio 1790.

Crema 5 Gen(nai)o 1790 Atesto io inf(rascritt)o che il Sig.^r Alessio Bonamano, è un Proffessore di Contrabasso, che capisce la Musica quel che basta; e che la eseguisce bene, in fede Carlo Cogliati Capo d'Orchestra.

Doc. n. 4: fede di Luigi Andriani, sottoscritta da Paolo Nevodini e da Carlo Cogliati, 8 gennaio 1790.

Crema 8. Gen(nai)o 1790
Attestiamo noi Sottos(crit)ti che il Rev.^{do} Sig.^r D. Luigi Andriani Musico Soprano, sà la musica fondatamente, e la canta con maniera, e secondo il gusto moderno, e in qualunque luogo dove si farà sentire, si farà sempre onore, di più, che quello che canta, lo veste a suo piacere, e lo cambia in più modi, stando Sempre a rigore del Armonia, e Contrapunto.
In fede Paolo Nevodini Maestro d'Ambe le Capelle della Cattedrale.
Carlo Cogliati Capo d'Orchestra d'Ambe le Capelle della Cattedra(le).

Doc. n. 5: supplica di Luigi Andriani, riportata anche nel vol. VII *Unioni e Determinazioni*, c. 93, in data 5 giugno 1795.

Magnifici Sig.^{ri} Sindaci e Spettabili Sig.^{ri} Quindeci Del Ve(neran)do Cons(orzi)o del S(antissi)mo Sa(c)r(amen)to. Eretto nella Ven(erabi)le Cattedrale di Crema. Il Prete Luigi Andriani della Città di Fermo Musico Soprano si presenta Osequioso alle Sig.^{rie} Loro Ill(ustrissi)mi. desideroso di impiegare se stesso per Soprano al Servizio attuale del loro Ven(eran)do Consorzio. Della di lui qualunque siasi Capacità ne ha già date altre volte ed anche in presente ne dà pubblica prova: non esigge che il Solito Ordinario Salario fissato al Soprano e promette tutta l'attenzione e propria Capacità nel fungere i doveri tutti che saranno di sua incombenza nel mentre gliene porge nella lusinga di ottenerne il benefizio i più rispettosi ringraziamenti.
P. Luigi Andriani Come Sop(r)a.

Doc. n. 6: fede di Luigi Andriani, sottoscritta da Giuseppe Gazzaniga, 3 giugno 1795.

Attesto io qui sottoscritto, come il Reve(ren)do Sig(nor)e D(on) Luigi Andriani cantore di Soprano, oltre di possedere una perfetta cognizione di musica, è dotato altresi di un'ottima voce, ed arte di canto, per cui lo giudico abilis(si)mo per il Servizio di questo Vene(eran)do Consorzio del SS:^{mo} Sacramento; ed in conferma di ciò
Io Giuseppe Gazzaniga Maestro di Cap(pel)la del ven(eran)do Cons(orzi)o
Crema questo giorno 5 Giug(n)o 1795.

Doc. n. 7: supplica di Paolo Stramezzi, riportata anche nel vol. VII *Unioni e Determinazioni*, c. 80v, in data 5 luglio 1790.

Magnifici Sig.^{ri} Sindici e Spett(abili) Sig.^{ri} Consiglieri del Ven(eran)do Cons(orzi)o Del SS.^{mo} Sacramento della Catt(e)d(ra)le Paolo Stramezzi, umil(issi)mo servitore delle Signorie Loro, desideroso d'aver l'onore di essere ascritto nel numero de' Proffessori, che servono alla Capella di questo Ven(eran)do Cons(orzi)o in qualità di Viola, e occorendo anche di Violino Supplica ricorre, acciò le Signorie loro vogliano degnarsi di accettarlo, con quell'annuo assegnamento che più loro parerà che della grazia.

Doc. n. 8: fede di Paolo Stramezzi, sottoscritta da Paolo Nevodini, 6 giugno1790.

Addi 6: Giugno 1790 Crema
Faccio fede io Sottoscritto qualmente il Sig.^r Paolo Stramezzi sonatore di Violino, e di Viola essere un sogetto abile nell'arte della Musica. In oltre, con permesso de Magnifici Sig.^{ri} Sindici pro tempore a Sonato alle Funzioni di questo V(eneran)do C(onsor)zio per anni cinque, ed in fede di cio mi Sotto scrivo.
Paolo Nevodini Maestro di Cap(pel)la della Cattedrale.

Doc. n. 9: fede di Paolo Stramezzi, sottoscritta da Carlo Cogliati, 4 luglio 1790.

Crema 4 Luglio 1790
Fò fede io inf(rascritt)o che il Sig. Paolo Stramezzi è un Proffessore sicuro di suonare e Viola e Violino a Solo; come ha date già più volte prove in Fede. Carlo Cogliati P.^{mo} Violino della Capella.

Doc. n. 10: supplica di Domenico Covi, riportata anche nel vol. VII *Unioni e Determinazioni*, c. 92bis *v*, in data 12 luglio 1795.

Magnif(i)ci Sig.^{ri} Sindici e Spettabili Sig:^{ri} Consiglieri Domenico Covi nativo di questa Città umilis(si)mo Servo delle Sig.^e loro Riverit(issi)me umil(men)te porge le suppliche per essere ammesso al servizio di questo loro Vene(ran)do Consorzio nell'impiego di Basso nel vacante posto, promettendo in oltre di mettere in opera ogni Studio, e Fatica nell'adempimento del suo impiego, come procurò anche Per il periodo di undeci anni in cui intervenne alle funzioni di esso V(eneran)do Cons(orzi)o non che per meritarsi il compatimento delle Sig(nor)ie loro Venera(tis)s(i)me che della grazia.

Doc. n. 11: fede di Domenico Covi sottoscritta da Giuseppe Gazzaniga e da Carlo Cogliati, riportata anche nel vol. VII *Unioni e Determinazioni*, c. 92bis *v*, in data 12 luglio 1795.

Domenico Covi cantore di musica può essere abilitato al servizio di questo Vene(ran)do Consorzio del SS.^{mo} Sacramento, tanto per la cognizione di musica, abilità non ordinaria nel canto, come per una sufficiente voce di Basso; Tanto asserisco con piena fede
Io Giuseppe Gazzaniga Maestro di Cappella del Ven(eran)do Consorzio del SS.^{mo} Sacramento
Io Carlo Cogliati Capo d'Orchestra della Cappella del Ven.^{do} Cons.^{o} del S.^{mo} Sacramento, affermo q(uan)to Sopra.

Doc. n. 12: supplica di Francesco Fasciotti, riportata anche nel vol. VII *Unioni e Determinazioni*, c. 94, in data 23 dicembre 1795.

Magnifici Sig.^{ri} Sindici Spettabili Sig.^{ri} Consiglieri Fran(ces)co Fasciotti Bergamasco Musico Soprano desideroso di esibire alle Sig.^{rie} Loro Ill(ustrissi)me la di lui Servitù nell'esercizio di Soprano di questo Ven.^{do} loro Cons(orzi)o di cui qualunque sia l'umil(issi)ma sua abilità ne ha già dato in questi giorni pubbliche prove avvalorate anco dalle unite fedi si presenta Osequioso pregandole degnarsi di admeterlo per Musico Soprano dello stesso loro Cons(orzi)o col Salario Solito delli altri Suoi predecessori obbligandosi immancabilmnete di Servire per il Corso di anni dodici e di adempiere con tutta esatezza e pontualità a tutte le fonzioni dalle quali non sarà mai per staccarsi se non con previa licenza de' Magnifici Sig.^{ri} Sindici pro tempore qual'ora per qualche breve tempo gli si presentasse occasione di cantare in qualche Teatro o d'altra Sacra Fonzione grazie.

Doc. n. 13: fede di Francesco Fasciotti, sottoscritta da Giuseppe Gazzaniga e da Carlo Cogliati, 23 dicembre 1795.

Attesto io qui sotto(scrit)^{to} che il giovinetto Fran(ces)co Fasciotti musico Soprano, atteso l'Ottima di lui voce, e somma abilità, per cui anche se ne deve attendere ulteriori progressi, può servire in d(ett)o posto di Soprano questo Ven(eran)do Consorzio; ed in fede Crema questo di 23 (dicem)bre 1795
Giuseppe Gazzaniga Maestro di Cappella del Ven(eran)do Consorzio
Carlo Cogliati Primo Violino della Capella aff(er)mo come Sopra.

Doc. n. 14: fede dei fratelli Francesco e Luigi Tarra, sottoscritta da Giuseppe Gazzaniga, 13 marzo 1796.

Faccio fede io qui sottoscritto, come Fran.^{co} e Luigi fratelli Ta(r)ra sono abili al servizio della musica nell'istrumento di Tromba, e Corno; et in fede di che:
Io Giuseppe Gazzaniga Maestro di Cappella della Cattedrale
Casa questo di 13 Marzo 1796.

Doc. n. 15: supplica di Gaetano Guerini, riportata anche nel vol. VII *Unioni e Determinazioni*, c. 100, in data 12 ottobre 1799.

Magnifici SS.^{ri} Sindici, e Spettabili Sig.^{ri} Q(u)indici Reggenti il Ven(eran)do Cons(orzi)o del SS.^{mo} Sacramento in questa Cattedrale.

Stante la morte del Sig.^{r} Bassano Zanetti era uno dei Professori di Violino condotto da q(ues)to Ven(eran)do Consorzio; e per la mancanza di tal Soggetto, Presentasi supplichevole Gaetano Guerini Figlio di Antonio, Professor di Violoncello, a volersi graziosamente ammettere al Consorzio med(esi)mo con quell'emolumento, che crederanno le SS.^{e} L.L. Risp.^{me}, pronto a dar prova di sua abilità apresso alli Sapienti SS.^{ri} Maestro, e Capo d'Orchestra, che della Grazia ne sarà sempre memore. Grazie.

Doc. n. 16: fede di Gaetano Guerini sottoscritta da Carlo Cogliati, riportata anche nel vol. VII *Unioni e Determinazioni*, c. 100, in data 12 ottobre 1799.

Atesto io inf(rascritt)o che il Sud(det)to suplicante, è Proffessore di abilità, e Capace di Coprire il posto Vacante del fù Zanetti.
Carlo Cogliati Capo Orchestra.

Doc. n. 17: fede di Gaetano Guerini sottoscritta da Giuseppe Gazzaniga, riportata anche nel vol. VII *Unioni e Determinazioni*, c. 100, in data 12 ottobre 1799.

Faccio fede io qui sottoscritto come il supplicante è professore di Violino di molta abilità, atto ad occupare il vacante posto del defonto Zanetti, et in fede
Io Giuseppe Gazzaniga Maestro di cappella della Cattedrale.

Doc. n. 18: supplica di Giovanni Meroni, riportata anche nel vol. VII *Unioni e Determinazioni*, c. 100, in data 12 ottobre 1799.

Alli Magnifici Sig.^{ri} Sindici ed alli Spettabili Sig.^{ri} Consiglieri del Vene(ran)do Consorzio del SS:^{mo} Sacramento eretto nella Cattedrale di Crema.

Giovanni Meroni di anni 24 circa nativo di Soncino professore di musica cantante il Tenore, dopo di avere date della sua qualunque siasi capacità, prove al Pubblico in diverse Funzioni, e special(men)te nel giorno 7 cor(ren)te (Otto)bre nella chiesa di S. Bernardino di Crema, per cui hà ritratto il più umano compatimento, si presenta alle Sig:^e Loro Riveritis(si)me col più fervido coraggio, onde farlo degno di essere ammesso fra il novero di questi pubblici professori di musica con quel solito salario praticato alli di lui antecessori. Assicura egli il più costante suo impegno nel puntuale esercizio delle di lui incombenze, e presterà tutta l'attenzione, onde rendere sodisfatte le pubbliche brame. Nella lusinga di ottenerne la grazia, accompagna insieme l'attestato di sua sufficienza. Grazie.

Doc. n. 19: fede di Giovanni Meroni sottoscritta da Giuseppe Gazzaniga, riportata anche nel vol. VII *Unioni e Determinazioni*, c. 100, in data 12 ottobre 1799.

Faccio piena fede, come il supplicante Giovanni Meroni, oltre di essere dotato di un'ottima voce, e gradevole metodo di cantare, possiede appieno la cognizione di musica, per li cui mezzi lo giudico degno di essere ammesso nel posto vacante di Tenore, et in fede.
Io Giuseppe Gazzaniga Maestro di Cap(pel)a della Cattedrale.

Doc. n. 20: supplica di Luigi Comnasio, riportata anche nel vol. VII *Unioni e Determinazioni*, c. 100v, in data 27 marzo 1800.

Magnifici SS.^{ri} Sindaci, e Sp(etta)b(i)li SS.^{ri} Consiglieri del SS.° Cons(orzi)o del SS.^{mo} Sacram(en)to eretto nella Chiesa Cattedrale di Crema Vacando un Posto di Professor di Violino di questa Capella per la Morte sucessa poco fà del R(everen)do Don Innocente Caprara si fà coraggio Luigi Comnasio di presentarsi alle Sig.^e Loro Ill(ustrissi)me perche si degnino di accettarlo a compiere il numero de Professori con quel emolumento che sarà della Loro equità determinato. Produce egli trè attestati della sua qualunque siasi abilità, mà assicura in pari tempo Le S.L. Ill(ustrissi)me di tutta la sua assiduità, attenzione, e prontezza nell'adempimento de suoi doveri, e quindi nella speranza di essere esaudito glie ne rende le più distinte grazie.

Doc. n. 21: fede di Luigi Comnasio, sottoscritta da Giuseppe Gazzaniga in data 17.III.1800, riportata anche nel vol. VII *Unioni e Determinazioni*, c. 100*v*, in data 27 marzo 1800.

Attesto io qui sottoscritto, che avendo in occasione di Funzioni di chiesa, e di Accademia rilevata una ben distinta abilità nella persona del Sig.ʳ Luigi Comnasio Professore di Violino, così lo giudico capacis(si)mo in poter sostenere il posto vacante in questo Venerando Consorzio del SS:ᵐᵒ Sacramento; et in fede Crema 17 Marzo 1800.
Io Giuseppe Gazzaniga Maestro di Cappella di d(ett)o Vene(ran)do Consorzio.

Doc. n. 22: fede di Luigi Comnasio, sottoscritta da Paolo Stramezzi, 24 marzo 1800.

(Adi) 24 Marzo 1800 Crema
Faccio fede io sottoscritto, qualmente il Sig.ʳ Luigi Comnasio mio scolare è capace di suonar all'improviso la musica d'orchestra col Violino avendolo in ciò sperimentato più volte.
Paolo Stramezzi

Doc. n. 23: fede di Luigi Comnasio, sottoscritta da Carlo Cogliati, 23 marzo 1800.

Crema 23. Marzo *1800*

Faccio fede io inf(rascritt)o che il Sig.ʳ Luigi Comnasio è capace di coprire il posto Vacante nella Capella del S.ᵐᵒ Sacramento, avendolo privatamente provato, e trovato abile, rilevando all'Improviso la Musica d'Orchestra.
Carlo Cogliati Capo d'Orchestra della Capella.

Doc. n. 24: fede di Carlo Guerini, sottoscritta da Giuseppe Gazzaniga, 13 dicembre 1803.

Attesto io qui sottoscritto, come avendo esperimentato in molte occasioni, anche di sommo impegno, il professore di Oboe Carlo Guerini, e conosciutolo di una bastevole capacità anche nell'impegno di p(ri)mo Oboista, cosi lo giudico capaciss(i)mo a poter coprire quel posto, che egli stesso supplica ottenere per il servizio di questo Ven(eran)do Consorzio del SS:ᵐᵒ Sacramento; ed in fede.
Crema 13 (Dicem)bre 1803
Giuseppe Gazzaniga
Maestro di musica all'attuale Servizio.

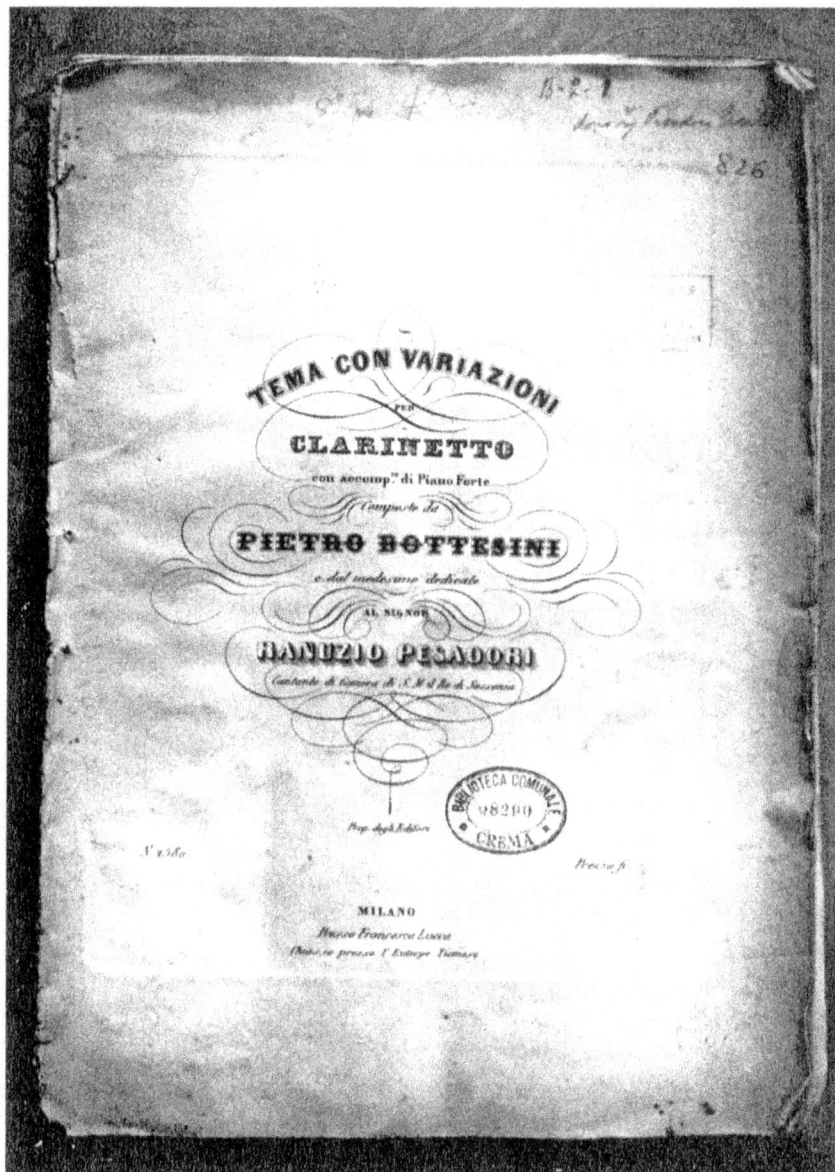

Tav. I Frontespizio della stampa edita da Francesco Lucca, n. 2580, *Tema con variazioni per clarinetto con accompagnamento di Pianoforte* di Pietro Bottesini (Museo Civico di Crema)

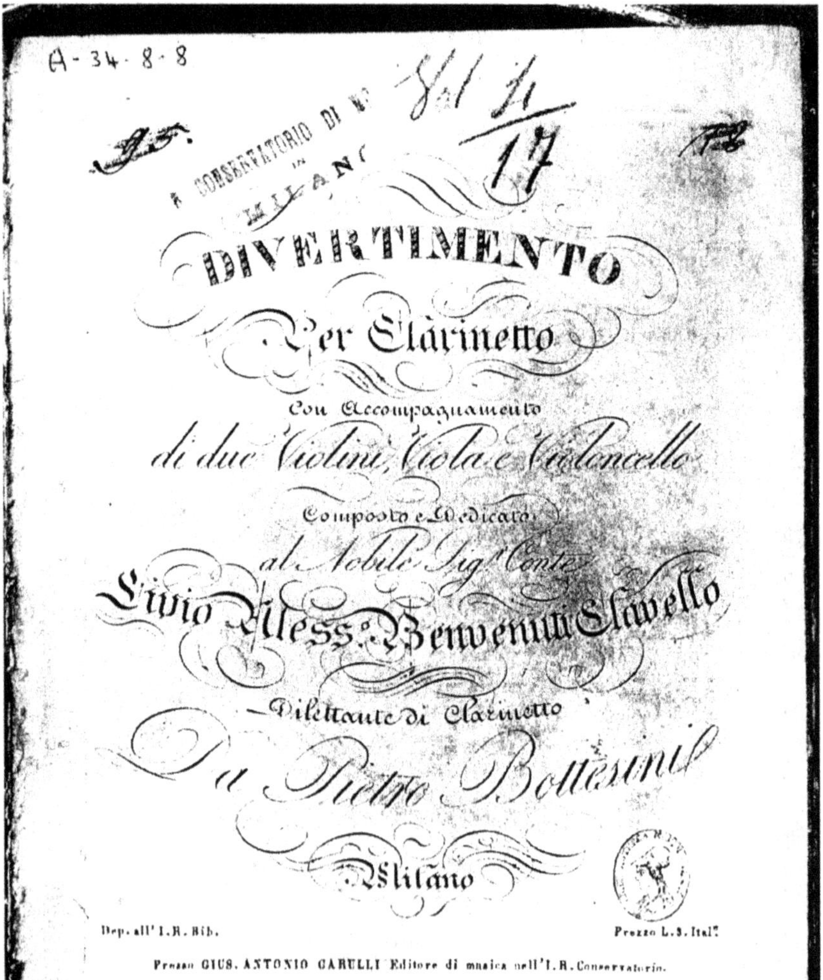

DIVERTIMENTO

Per Clarinetto

Con Accompagnamento

di due Violini, Viola e Violoncello

Composto e Dedicato

al Nobile Sig.r Conte

Livio Aless. Benvenuti Savello

Dilettante di Clarinetto

Da Pietro Bottesini

Milano

Dep. all'I.R. Bib.   Prezzo L.3. Ital.ᵉ

Presso GIUS. ANTONIO CARULLI Editore di musica nell'I.R. Conservatorio.

Tav. II Frontespizio della stampa edita da Giuseppe Antonio Carulli, n. 128, *Divertimento per clarinetto con accompagnamento di due Violini, Viola e Violoncello* di Pietro Bottesini (Biblioteca del Conservatorio «G. Verdi» di Milano)

VARIAZIONI

Per Piano Forte

Composte sopra un Tema

tratto dall'Opera

Eduardo e Cristina del M° Rossini

E DEDICATE ALL'EGREGIA SIGNORA

Donna Giuditta Turina *nata*

CANTÙ

da

Giuliano Petrali

Milano

Deposta all'I.R.Bibl.ᵗ   Prezzo Lir 3. Ital.ᵐᵒ

Presso Giuseppe Antonio Carulli Editore di Musica nell'I. R. Conservatorio.

Tav. III Frontespizio della stampa edita da Giuseppe Antonio Carulli, n. 60, *Variazioni per pianoforte composte sopra un Tema tratto dall'Opera Eduardo e Cristina* di Giuliano Petrali (Biblioteca del Conservatorio «G. Verdi» di Milano)

ELENA MARIANI

UN ANTECEDENTE CREMASCO DI BOTTESINI: PRECISAZIONI BIOGRAFICHE A PROPOSITO DI STEFANO PAVESI

Il punto di partenza per ricostruire notizie biografiche circa Stefano Pavesi è, ancor oggi, il volumetto di Faustino Vimercati Sanseverino *Notizie su la vita e le opere del maestro di musica Stefano Pavesi*, dato alle stampe nel 1851 presso Ricordi. Il testo è ricco di dati altrimenti ignoti, ma è altresì la sola fonte cui tutti i dizionari musicali hanno attinto senza mai discostarsi da questo primo ed unico racconto biografico. Il Sanseverino era uomo di notevole cultura ma, trattandosi di un omaggio postumo in memoria di un amico, spesso riferisce ricordi personali senza riferimenti a fonti documentarie di alcun tipo [1]. Ad integrare il racconto del Sanseverino e gettare un po' di luce sulla vita musicale - a Crema e in Italia - nella prima metà del secolo XIX, giunge pertinente il ritrovamento di materiale inedito autografo del musicista cremasco. Il carteggio che Pavesi ebbe con il conte Gaetano Melzi di Milano risulta di notevole interesse per due ordini di motivi: prima di tutto si svolge in un arco di tempo di ben ventisette anni, dal 1823 al 1850 anno della morte di Pavesi, ed è quindi numericamente cospicuo [2]; in secondo luogo il corrispondente milanese di Pavesi era certamente un personaggio di altissima levatura, per quel poco che possiamo arguire dalla rapida lettura dell'intero *corpus* epistolare da lui e a lui indirizzato. Conoscitore di musica che aveva tentato «i principi dell'arte difficilissima del comporre» [3] e che era collegato intimamente con l'ambiente musicale - non solo della capitale lombarda -, è definito «direttore dei Regi Teatri di Milano» nell'intestazione di due lettere del 1813 e '14 [4]. Giovanni Simone Mayr gli raccomanda il giovane Donizetti nel 1822, mentre Rossini, scrivendogli vent'anni dopo per segnalargli un oscuro compositore, lo lusinga con altisonanti epiteti: «amico delle lettere, protettore delle arti». Vi è chi, come Meyerbeer, lo ringrazia per il prestito di un volume di tragedie o chi, ancora Mayr, lo supplica per ottenere denaro onde far fronte a guai familiari [5].

I compositori del primo Ottocento, così come i librettisti e gli impresari, scrivevano copiosamente, soprattutto messaggi di carattere lavorativo. Nel tentativo di conciliare interessi e tempi divergenti per consentire la messa in scena di uno spettacolo d'opera essi sono singolari per la loro frenesia e per un tono diffusamente sbrigativo che non consente pause di meditazione né al mittente né al destinatario. Il caso del nostro autore è un po' diverso in quanto le sue lettere appartengono contemporaneamente alle due sfere privata e pubblica e risalgono ai suoi lunghi anni di 'declino'. Dunque il venir meno di quella necessità di scrivere pressata da motivi pratici lascia trapelare un certo distacco malinconico o qualche parere critico verso quel mondo che fino a pochi anni prima l'aveva visto parte integrante di un ingranaggio implacabile. Soprattutto ne traspare un'amicizia autentica che poco ha a che vedere con il gergo degli affari ottocentesco dove con le parole 'amicizia' o 'stima' si solevano indicare non sentimenti personali ma affari e convenzioni [6].

Le lettere scritte da Pavesi al conte Melzi risultano di estrema importanza per i riferimenti a musicisti, cantanti, librettisti e impresari dell'epoca, per i giudizi su questioni di carattere musicale e, non ultime, per le indicazioni sui viaggi, gli impegni professionali, lo stato di salute personale [7]. Il tono generale delle lettere è decisamente colloquiale, tanto che non infrequenti sono gli sfoghi del nostro autore contro terzi o confidenze e pareri espliciti su figure dell'ambiente musicale di allora. È possibile verificare, apprezzando sia il lato umano del compositore sia le circostanze contingenti e marginali, una serie di costanti che dovevano rappresentare una sorta di 'modello' della carriera dell'operista fra la fine Settecento e l'inizio del secolo successivo.

In quella che definiremo la 'biografia ufficiale' di Pavesi si afferma che suo padre «consigliatosi con alcuni suoi buoni padroni» poté far intraprendere al figlio la carriera musicale e che Stefano studiò a Napoli per il tramite di «alcuni signori della città, che, allettati dalla indole dolce e vivace del giovinetto, avevano impreso a proteggerlo»[8]. Iniziare la carriera sotto la protezione di un nobile potente (come accadde, fra gli altri, a Piccinni e a Zingarelli) era una consuetudine non troppo singolare; dalla lettura del carteggio è possibile verificare, però, che il musicista continuava a mantenere un rapporto di dipendenza quasi servile ancora in età avanzata proprio con la famiglia del noto biografo, cioè con i conti Sanseverino. È lecito identificare nella nobile famiglia cremasca forse proprio quei «signori della città» che il conte Faustino, per ovvi motivi di riservatezza e pudore, non nomina mai esplicitamente. Si dà il caso che Pavesi, ospitato nella dimora dei Sanseverino a Venezia, non possa recarsi a teatro a causa della malattia della contessa o che sia costretto a intraprendere un viaggio nella città lagunare onde accompagnare per una difficile operazione chirurgica la medesima[9]. Ma la permanenza a Venezia è sempre più un peso gravoso, forse un'incombenza ineludibile: «gli anni a venire cercherò di romperla» si lamenta Pavesi[10]. Quando la contessa muore nel 1833 i rapporti con la famiglia sembrano deteriorarsi: «l'amicizia dalla parte mia era grande, ma per la parte della defunta capisco che era tutto altro ed il suo testamento lo prova, mentre ci voleva poco a far conoscere i doveri che aveva verso di me»[11]. In seguito, però, cogliamo un riavvicinamento, questa volta di carattere esclusivamente personale, con il giovane rampollo Faustino del quale Pavesi fornisce saltuarie laconiche notizie al conte Melzi.

Anche col signore milanese Pavesi intrattiene rapporti che hanno poca attinenza con la musica in senso stretto, tanto che ne diventa il referente privilegiato per alcuni acquisti singolari: da Venezia riferisce al suo mecenate ragguagli sul migliore vino di Cipro facendosi poi carico personalmente della spedizione del prodotto; oppure compra per il conte cera e cristalli e gli invia il conto del negoziante insieme alle ultimissime notizie sulla stagione in corso alla Fenice. La più intensa attività commerciale, comunque, si svolge fra Crema e Milano: Pavesi si improvvisa mercante di lino in collaborazione con la sorella e il conte ordina stoffa su commissione di nobili amici milanesi. Scrive Pavesi con estrema semplicità: «nulla posso sperare dalla carriera teatrale [...] dunque conviene che mi dia alla negoziatura, cosa che mia sorella sola non basta, desidera un aiuto, ed io ce lo lascio scegliere e la contento. Non mi pare di far cosa che mi disonori in faccia alla società» [12]. In affari investe pure del capitale: «nei miei piccolissimi fondi ho fatto delle grandi impiantagioni [...] le quali mi costano molto denaro» [13].

Il Melzi, confidente e intermediario tra Pavesi e il mondo musicale, aggiornava l'amico cremasco circa spettacoli e nuove pubblicazioni. Al conte che gli chiede lumi a proposito di un nuovo volume del celebre didatta Bonifacio Asioli, Pavesi risponde prontamente: «il libro [...] io non lo conosco, ma in Milano ci sarà ed io lo cercherò, e le dirò come la penso»; ma recrimina appassionatamente quando le sospirate notizie non giungono: «V.S. non mi scrive nessuna novità musicale, supponendo che io non curi più la stessa, questo per conto mio non sarà mai, perché la mia arte non l'abbandonerò mai fintanto ch'io non sono abbandonato da lei» [14].

Non si deve credere che questa insolita e articolata situazione lavorativa del compositore non gli fruttasse qualche tornaconto di carattere professionale: se il conte Sanseverino gli offriva una dimora fissa per lunghi periodi dell'anno a Venezia, centro di primaria importanza culturale e musicale nei primi decenni del XIX secolo, il conte Melzi gli forniva contatti a Milano - e non solo -, rampante capitale della musica a Ottocento già inoltrato, con i successi di Bellini, Donizetti, Verdi [15]. E così, quando al virtuoso Velluti «gli si è fiaccata la voce in un modo tale che per molto tempo non sarà in grado di cantare», Pavesi non trova di meglio che scrivere da Venezia al conte perché gli trovi un degno rimpiazzo proprio a Milano: «V.S. che mi ha sempre dimostrato tanta amicizia spero che vorrà interessarsi anche in questa occasione per me» [16].

Come si è già indirettamente mostrato un problema che assillava costantemente Pavesi, come i compositori a lui coevi, era quello legato alle questioni finanziarie. Pavesi, consapevole di essere giunto alla fine della sua carriera teatrale, sceglie forzatamente ma decisamente la strada della musica sacra: l'incarico fisso come maestro di cappella presso il Duomo di Crema, assunto già dal 1818, rappresentava una soluzione di introito stabile con l'ulteriore vantaggio di poter usufruire di frequenti 'permessi' [17]. «Avendo rinunciato al teatro mi sono dato di più alla chiesa; per conseguenza quante musiche mi sono capitate, e grosse e piccole le ho tutte accettate». Le «brighe ecclesiastiche» spesso combinate all'insaputa del maestro dai suoi subalterni sono «fonzionette», «piccole musiche che poco mi fruttano» e costringono l'anziano compositore a continui viaggi e spostamenti che nuoceranno non poco alle sue già precarie condizioni di salute: a volte la fatica coglie limiti di sopportazione intollerabili perché d'estate «il calore è tale che nelle orchestre non si può respirare» [18]. Ma il senso del dovere prevale sempre e costringe il nostro musicista a presenziare alle celebrazioni importanti per non arrecare «dispiacere al vescovo, ed anco al arciprete» o per motivi che si ammantano di convenienza politica in occasione di un *Te Deum* per la nascita dell'Imperatore: «mancando potrei dare nell'occhio... in questi tempi» [19]. Gli obblighi del maestro di cappella che si leggono tra le righe dell'epistolario confermano quanto già dimostrato in sede documentaria [20]: impegni costanti e importanti erano, ad esempio, quelli per la Quaresima fino a Pasqua, per l'Ottava del Corpus Domini, per il giorno natale dell'Imperatore. Oltre a questi è tutto un susseguirsi di «funzioni di campagna» che si svolgono principalmente durante i mesi estivi in paesi e città prossimi a Crema (Brescia, Bergamo, Caravaggio, Chiari, Castelleone etc.) e che Pavesi sembra accettare sempre suo malgrado. Probabilmente egli si uniformava ad una prassi consuetudinaria consolidata da tempo e che, attraverso la collaborazione fra maestro e musicisti della cappella nelle funzioni fuori città, consentiva anche qualche introito extra.

Dalle lettere conservate presso il Museo Teatrale alla Scala risulta ben documentata anche l'ultima fase dell'attività operistica del compositore cremasco: i suoi melodrammi nell'ultimo periodo sono a cadenza annuale dal 1823 al 1826 e nel 1830 e '31. Nella lettera più antica Pavesi fa cenno ad una permanenza a Napoli dalla quale si scusa di non aver riferito notizie [21]: il viaggio era stato intrapreso in occasione di *Ines d'Almeida* data al S. Carlo nell'autunno 1822. Ancora a Napoli nel medesimo teatro fu nella primavera 1826 per *Il Solitario ed Elodia* e poco dopo quell'esperienza scrisse al Melzi che sperava di rivederlo ma non «di ritornare a Napoli, perché veramente questo ultimo viaggio mi ha fatto male, e poi sto tanto bene senza scrivere note che nulla più» [22].

Spesso a Venezia nei mesi invernali Pavesi traeva grandi vantaggi dal suo incarico come maestro di cappella che poteva conciliare con gli altri svariati impegni professionali, anche qualora gli comportassero assenze prolungate [23]. Con Venezia aveva sempre intrattenuto ottimi rapporti teatrali fin dal suo primo apparire nel 1803 sulle scene del Teatro di San Benedetto [24]; è con una nota di rammarico che Pavesi, a distanza di vent'anni, annota: «che il mio scrivere non piaccia più a Venezia mi dispiace fino a un dato segno, ma se tanto mi dà tanto cosa succederà negli altri paesi?» [25]. Venezia è descritta come una piazza sicura, dai gusti prevedibili e tradizionali, mentre l'astro nascente di Meyerbeer si fa spazio nei gusti del pubblico. Nella medesima lettera riferendosi a personaggi dell'ambiente musicale veneziano che tentiamo di identificare per via induttiva [26], Pavesi racconta:

«[...] mi conosco pur troppo degno di essere messo fra il numero degli invalidi. Nulla di meno avendo una eccellente compagnia, ho fatto tutto il possibile per quella poca praticaccia che ho di teatro, di lasciare libero il cantante acciò questi possa fare conoscere il suo valore (meno però il bravo Velluti che fu da me sacrificato involontariamente). In fatti in gran parte questo mio piano è riuscito, ma non per il mio bene, se qualche pezzo fa effetto è merito del cantore [...]. Se poi qualche mio amico vuole difendere qualche pezzo di musica in questa mia opera, va con molta precauzione per timore del Sangue Blu» [27].

Facendo poi notare al conte Melzi che è perfettamente cosciente che il suo genere di musica «non li può fare il minimo ostacolo» a Meyerbeer, critica ciononostante il «sonatismo». La polemica è nei confronti dell'imperante gusto per lo stile strumentale tedesco che privilegia il dialogo fra strumenti e concepisce l'orchestra in maniera diversa e più complessa dell'italiana, utilizzando gli spunti musicali all'interno di forme più o meno rigorose. Il nascente interesse per l'orchestra e gli strumenti a discapito delle voci, che Meyerbeer tra i primi fece interagire con il melodramma tradizionale italiano, infastidiva Pavesi non tanto per il suo valore in sé ma per l'ossequio esasperato e irragionevole che si tributava a Venezia al suo propugnatore:

«Il sonatismo è tale che se in Venezia vi fossero cavalli, o carrozze, sono certo che sotto la casa del maestro M. metterebbero molta paglia per non disturbarlo quando scrive o dorme. Trovo che il pubblico ha tutte le ragioni di apprezzare i tanti talenti di questo eccellente scrittore, ed io pure sono della stessa opinione, con la differenza che ho l'uguale stima anche per il Barone».

Quasi feroce è anche l'opposizione critica ai burocrati amministratori della Fenice quando nel 1831 per assegnare una parte ad una cantante secondaria pretendono da Pavesi l'impossibile: «Omini grandi. Basta il dirgli che pretendevano che io facessi cantare la muta» [28].

Pavesi ha la coscienza netta di vivere in un mondo musicale che sta cambiando inesorabilmente dal punto di vista anche organizzativo, si rende conto che il ruolo del compositore sta diventando più attivo. Una valutazione meno ironica e più malinconica viene espressa nel 1833 a proposito dei nuovi compositori molto agguerriti dal punto di vista tecnico ma che, contemporaneamente, «conoscono molto bene l'intrico», in riferimento a quei musicisti che sapevano intessere una rete di rapporti e contatti con il mercato - teatri, impresari, editori - facendosi imprenditori di se stessi. Il Sanseverino, nella sua biografia, annota che Pavesi «attribuiva il decadimento dell'opera in musica a quelle convenzioni teatrali, cui egli stesso venne costretto a sottoporsi, ed anzi lodava il Bellini, anche perché aveva saputo in parte sottrarsene, secondato in ciò dai buoni drammi, che per lui scriveva Felice Romani» [29].

Le critiche diffuse e fondate di Pavesi sottendono l'appartenenza ad una generazione di musicisti che ormai ha fatto il suo tempo. Se è vero che egli «non era sì tenace delle sue prime opinioni di scuola da credere che l'arte musicale non potesse progredire» e che «usò sempre maggior movimento di istrumentazione, ed introdusse nelle sue composizioni pezzi di armonia più elaborati, nel qual ramo della scienza musicale era peritissimo, ma non volle mai usarne a vano sfoggio, e fece sempre in modo che il canto non avesse a patirne nocumento» [30], è altresì vero che solo una verifica sul campo consentirebbe di valutare se e fino a che punto il nostro musicista seppe permeare di novità stilistiche le sue musiche. D'altro canto l'assoluta estraneità di Pavesi alla cultura 'tedesca' è ancora tutta da dimostrare; in un biglietto allegato ad un messaggio di Pavesi per il conte Melzi il conte Sanseverino invita personalmente il nobile milanese a «sentire il suo nuovo metodo di scrivere e di battere alla tedesca» [31]. A questo proposito non paia superflua un'altra breve divagazione.

Si diceva in precedenza della quantità di incarichi che Pavesi assunse contemporaneamente e che, in particolare, fra il 1826 ed il '30 non gli consentirono di comporre alcun lavoro melodrammatico. Testimonianza proprio di quel nuovo incarico che inibì la normale - pur blanda rispetto al passato - attività di Pavesi sono le due lettere spedite da Vienna dove si era recato in qualità di direttore del Teatro di Corte. Ora siamo in grado di attestare - attraverso l'ausilio delle lettere - la sosta creativa e il temporaneo trasferimento di Pavesi, ma solo per gli anni '28 e '29 [32]. Si intuisce, anche in questo caso, che furono circostanze esteriori a condizionare le scelte di Pavesi: il compositore fu spinto a Vienna dal miraggio di un lauto guadagno e probabilmente per ottemperare ad un dovere assunto nei confronti di qualcuno che gli aveva procurato i contatti per tale posto [33]. «Dolorosa è la circostanza di trovarmi in Vienna [...] non avrò sempre la disgrazia di trovarmi a Vienna», scrive con tono rassegnato al Melzi [34]. Non siamo a conoscenza del tipo di impegno che l'incarico nella capitale danubiana richiedeva a Pavesi: certo aveva il tempo di seguire la stagione teatrale, non sappiamo se come semplice spettatore o come responsabile artistico. Con poche efficaci parole riferisce il quadro degli umori musicali della città e, del successo del *Pirata* di Bellini, sottolinea che «fece un'impressione felicissima tanto con la professione come pure con gli amatori, cosa assai difficile in Vienna per quello che mi dicono» [35]. Nell'ambiente tendenzialmente conservatore della corte austriaca le inclinazioni musicali filo-italiane contribuirono a facilitare l'ampio successo dell'opera *La festa della rosa* che Pavesi propose in quegli anni in una riedizione modificata [36]. Alcuni recensori tedeschi tratteggiano in termini assai lusinghieri i motivi del successo di Pavesi ed il suo stile viene apprezzato perché personale, non rossiniano ma nemmeno di stampo 'tedesco': «lo stile è allegro e fa ricordare l'antica scuola italiana; si distingue poi anche dalla massima parte delle composizioni melodrammatiche italiane, perché le amene e semplici sue melodie sono accompagnate da un solido strumentale con tessuto armonico assai bene intrecciato» [37]. Oltre ad offrire trattenimenti privati di alto profilo [38], Vienna rappresentava il miglior luogo per levarsi un capriccio singolare e cioè far stampare della musica vocale su versi di Metastasio, poeta che a Pavesi sembrava insuperato e insuperabile poiché «infuse tanta espressione nelle sue arie, scelse e dispose sì acconciamente le parole nei suoi versi, che al primo leggerli si sente il desiderio di cantarli, e quasi creano da se stessi le cantilene» [39]. Una scelta così anacronistica, legata al rimpianto per i melodrammi classici «di Piccini, di Paisiello, di Cimarosa, di Mozart» [40] indicano indirettamente che Pavesi non cercò di ritagliarsi il ruolo del mediatore fra due culture ma che preferì il solco già tracciato della tradizione musicale italiana, ben gradito all'ambiente musicale di corte.

Dopo l'esperienza viennese nel 1830, a carriera teatrale ormai chiusa, Pavesi non sa resistere alla tentazione di accettare le offerte dell'impresario Merelli per un teatro secondario di Milano sottoscrivendo nel contratto un compenso piuttosto basso. Reinserito a forza nel suo ambiente, il compositore, pur conscio di essere sorpassato e in declino come operista, è però orgoglioso e non vuole «una paga da principiante»; sebbene sia disposto a rinunciare alle «paghe che corrono in giornata» preferisce «che resti la cosa segreta onde salvare la mia convenienza». La circostanza è quella che si concreterà nella *Donna Bianca di Avenello* composta per la Canobbiana di Milano. Pavesi tratta con l'impresario forse attraverso la mediazione dello stesso Melzi; infatti scrive al suo abituale interlocutore lamentandosi per il trattamento, ma soggiungendo: «rapporto al prezzo faccia lei tutto quello che crede», «qualunque cosa sarà da lei stabilita sarà per me una legge» [41]. Dall'episodio ricaviamo anche un altro elemento di interesse: il contratto è sottoscritto nella prima settimana di luglio e l'opera andrà in scena il 13 novembre 1830. Durante gli accordi preliminari Pavesi propone l'opera buffa *La festa di maggio*, «ma da quanto mi pare amano che io scriva in serio, e trattandosi di scrivere un'opera nuova in pochi mesi, amo meglio anch'io scrivere in serio che in buffo [...] mi occorre un tempo conveniente, e sopra tutto un buon libro per potermi ajutare» [42]. Per comporre una nuova opera seria Pavesi chiede del tempo, ma altresì un adeguato sostegno letterario, un soggetto interessante e dimostra un'attenzione maturata con l'esperienza e modellata sul mutare del gusto del pubblico: il gradimento di intrecci sempre più raffinati e di carattere serio favorirà dopo il primo quarto dell'Ottocento il lento inesorabile affermarsi dell'opera drammatica a discapito della buffa.

La consapevolezza della propria decadenza si ammanta di malinconia o di una certa vena polemica a seconda delle circostanze contingenti, ma c'è in Pavesi qualcosa di più: la percezione dell'evolversi dei nuovi gusti operistici che richiedono al compositore continui aggiornamenti sul piano del linguaggio musicale. E se dal punto di vista musicale Pavesi apprezza molti dei musicisti di maggior successo negli anni '20-'50 del XIX secolo (Vaccai, Pacini, Ricci) non escluso l'innovatore Bellini e Rolla «troppo benemerito all'arte musicale per poterlo mai dimenticare» [43], nelle sue concezioni musicali cogliamo soprattutto l'incapacità di adeguarsi personalmente alle novità stilistiche.

A proposito dei legami con i musicisti contemporanei bisogna aprire un capitolo specifico su Rossini. Pavesi ebbe modo di stabilire con lui una stretta amicizia. Entrambi, è stato dimostrato, erano a conoscenza della rispettiva produzione teatrale; una prova tangibile dell'ammirazione di Rossini per Pavesi si riscontrerebbe nell'appropriazione di un'aria del cremasco da parte del pesarese che se ne servì per la sua opera *Eduardo e Cristina* [44]. Anche Stendhal riferisce che Rossini nutriva una grande ammirazione per il cremasco, pur se lo sapeva gravemente compromesso nella sua attività dalle continue malattie [45]. La recente pubblicazione dell'epistolario completo di Rossini ha confermato che i due compositori stabilirono un rapporto strettissimo e cameratesco che rinsaldarono a Venezia intorno al 1812 [46]. Sollecitato ad esprimersi in merito allo *Stabat Mater* di Rossini, Pavesi considera il fugato finale e, in una lettera, esprime al proposito un giudizio articolato e puntuale [47].

«Conosco lo Stabat del celebre compositore, e rilevo delle bellezze degne di lui. È ben vero che il giudicare un lavoro d'un tanto maestro, è un peso superiore al mio poco sapere nulla dimeno voglio dare ancor'io la mia opinione.
Il fugato sopra l'amen non è della scuola di Durante vale a dire della scuola napoletana ma bensì della scuola del Padre Martini vale a dire della scuola bolognese. L'una e l'altra di queste scuole ha fatto dei grandi compositori, ma la scuola durantesca vale a dire napoletana è molto superiore alla bolognese. Veniamo al fugato sopra l'amen del grande maestro. Questa fuga è composta d'un soggetto e contra soggetto; ma tutti e due li soggetti sono troppo minuti, come pure le imitazioni che conducono il fugato sono troppo strette. Se in vece questo fugato fosse della scuola napoletana, uno dei due soggetti sarebbe grave per cui sosterrebbe l'altro soggetto minuto, ed allora l'effetto sarebbe completo. Nulla di meno questo amen fugato nel suo genere merita tutte le lodi così a me sembra. Decida poi chi ne sa più di me» [48].

Combattuto fra doverosi tributi di stima e la convinzione della superiorità della propria formazione culturale, Pavesi si lancia in un'appassionata difesa della scuola napoletana, consentendo ai lettori moderni di verificare concretamente come il riferimento a Napoli fosse ancora essenziale nel 1842, ma nei termini di una mera astrazione stilistica. Pavesi si arrocca su anacronistiche posizioni di difesa, dando campo all'ipotesi che la strenua difesa dei maestri sia in realtà una costante endogena propria di tutti i compositori di area culturale partenopea[49], se non forse l'espressione di un più generale 'smarrimento' estetico del mondo culturale del primo Ottocento in relazione al 'fenomeno Rossini'. Anche fra i teorici, letterati e critici più o meno dilettanti, alla corrente che approvò incondizionatamente Rossini e lo additò come autentico rinnovatore del genere musicale, si oppose una linea di pensiero che richiamandosi alla semplicità e purezza dei maestri del passato riconosceva il 'vero bello ideale' in autori del Settecento napoletano come Cimarosa e Paisiello, e considerava Rossini un corruttore[50].

Le ultime lettere di Stefano Pavesi sono la descrizione in tempo reale del progressivo spegnersi del musicista. Già con frequenza avevamo letto degli impacci, disturbi, malanni e relative terapie, ma ora l'argomento campeggia come unico problema in tutte le missive. Un fremito di vivo interesse per le sorti politiche dell'Italia nel 1848 anima Pavesi: «Finalmente siamo liberati da questi sciellerati: evviva i bravi milanesi, quanta bravura, quanto coraggio» opppure: «anco questo Carlo Alberto cosa fa? Poveri noi! Si farà, si farà, e poi ci vorranno li Francesi cosa assai trista anco questa!»[51]. Ma un clima cupo e angoscioso traspare in continuazione. Fiduciosamente Pavesi scrive al Melzi nell'ultima lettera che «passato questo gran caldo potrò essere in grado di poter camminare e verrò sicuramente a fargli visita»[52].

Ma morirà venti giorni dopo il 28 luglio del 1850.

NOTE

(1) Il conte Faustino Vimercati Sanseverino Tadini era figlio del conte Marcantonio e di una nobildonna veneziana; visse fra il 1801 e il 1878. Pubblicò diversi libri di argomento economico, dopo l'Unità fu anche deputato e senatore. Cfr. FRANCESCO SFORZA BENVENUTI, *Dizionario Biografico Cremasco*, Crema, [Tipografia Cazzamalli], 1888, pp. 308-10, *s.v.* Vimercati Sanseverino Faustino.

(2) Ritrovato dalla scrivente (sulla scorta della segnalazione tratta da JOHN ROSSELLI, *L'impresario d'opera. Arte e affari nel teatro musicale italiano dell'Ottocento*, Torino, EDT, 1985, p. 196, nota 73) presso la biblioteca «Livia Simoni» del Museo Teatrale della Scala di Milano, il *corpus* epistolare consiste di 140 numeri fra lettere e biglietti, tutti autografi (ad eccezione di quattro comunicazioni, due delle quali recano un *post-scriptum* e la firma dell'autore). Cinque biglietti sono indirizzati a «Gasparo Lampugnani ragionato in casa Melzi». Le lettere citate con la segnatura C.A. si intendono tutte conservate alla sopra menzionata biblioteca milanese. Per agevolare la lettura del testo i brani di lettere ivi trascritti sono stati normalizzati secondo l'uso moderno per ciò che riguarda accenti, uso di maiuscole e di doppie, punteggiatura. Nella riproduzione delle lettere fornita in Appendice si è preferito seguire un criterio essenzialmente conservativo, onde non alterare particolarità grafiche e linguistiche dell'epoca.

(3) Cfr. C.A. 3726 (24.6.1809) da Perugia spedita da Menicone Meniconi a Gaetano Melzi cit. da SERGIO MARTINOTTI, *Le prime milanesi di Morlacchi* in *Francesco Morlacchi e la musica del suo tempo (1784-1841)*, Atti del Convegno Internazionale di Studi, Perugia 26-28 ottobre 1984, a cura di Biancamaria Brumana e Galliano Ciliberti, Firenze, Olschki, 1986 (Quaderni della Rivista Italiana di Musicologia 11), p. 206.

(4) C.A. 3404 e 3405: Mayr al conte Melzi. Il conte Melzi visse fra il 1786 ed il 1851. Nell'ingente documentazione relativa alla gestione economica del maggior teatro milanese si legge che fu «delegato della Direzione Teatrale»; nel 1815 fu «accanito sostenitore» di accademie paganiniane. Stando ad un elenco di proprietari palchettisti redatto nel 1858, Melzi possedeva, inoltre, uno dei palchi scaligeri (cfr. REMO GIAZOTTO, *Le carte della Scala*, Pisa, Akademos, 1990, pp. 53, 56 e 166).

(5) I quattro episodi segnalati si leggono rispettivamente in C.A. 3403 (29.8.1822), 5369 (8.7.1842), C.A. 3764 (5.2.1825) e C.A. 3405 (20.5.1813). Altri illustri personaggi che ebbero una fitta corrispondenza con il conte Melzi sono, fra gli altri: l'impresario Domenico Barbaja (che nel 1829 gli scrive: «sapendo quanto interesse prendete per la gioventù versata nella musica, poiché voi siete uno dei veri amatori del Teatro»), i compositori Donizetti e Pacini, i librettisti Romani e Romanelli, lo scenografo Alessandro Sanquirico, l'editore Giovanni Ricordi, il coreografo Gaetano Gioia.

(6) Si legga la lettera di Donizetti a Lanari (1833) in GUIDO ZAVADINI, *Donizetti. Vita, Musiche, Epistolario*, Bergamo, Istituto Italiano d'Arti Grafiche, 1948, pp. 327-29, citata da JOHN ROSSELLI, *L'impresario* cit., pp. 244-45 e, dal medesimo autore, in *Sull'ali dorate*, Bologna, Il Mulino, 1992, pp. 81-2 e p. 98.

(7) Le lettere note di questo compositore erano finora:
 - lettera a Mariano Tamburini del 8.11.1803 da Venezia (segnalata in: *Catalogo con brevi cenni biografici e succinte descrizioni degli autografi e documenti di celebri o distinti musicisti posseduti da Emilia Succi accademica filarmonica di Bologna*, Bologna, 1888, n. 695);
 - lettera a Francesco Benedetto Ricci del 12.1.1814 da Crema (conservata presso la biblioteca del Conservatorio di S. Cecilia a Roma e trascritta da MARCO MAUCERI, *F.F. padre ignoto dell'Agatina di Pavesi*, «Bollettino del Centro Rossiniano di Studi», (1981), n. 1-3, pp. 73-4);
 - lettera a Techini del 22.7.1818 da Vicenza (conservata presso il Museo Correr a Venezia);
 - 4 lettere relative al contratto per l'opera *Fenella* del 27.7, 4 e 18.8, 11.9.1830 (conservate presso l'Archivio del Teatro La Fenice di Venezia).
 A Crema presso la Biblioteca Comunale si trovano una quietanza del 6.3.1845 (non autografa) e la disposizione testamentaria del 10.3.1845 (MS. 146). Recentemente ho reperito una dichiarazione autografa del 18.12.1845 (Biblioteca Comunale di Crema, Fondo Storico Grioni XXX) riferita a dei crediti che il compositore aveva con il nobile Annibale Vimercati puntualmente riscontrati nelle carte del notaio Averara (Archivio Storico di Lodi, Fondo Notarile, cartella Averara, n. 7176).

(8) FAUSTINO VIMERCATI SANSEVERINO, *Notizie intorno la vita e le opere del maestro di musica Stefano Pavesi*, Milano, Ricordi, 1851, p. 9.

(9) C.A. 4988 del 1.3.1831 e C.A. 5000 del 16.1.1833 da Venezia. Anche a Crema il musicista si trova confinato e limitato nei movimenti, ad esempio perché deve assistere il conte Marco sofferente per un attacco di gotta (C.A. 4994 del 27.10.1831).

(10) C.A. 4990 del 2.4.1831 da Venezia.

(11) C.A. 5003 del 30.5.1833 da Crema.

(12) *Ibidem*. Il passo della lettera, per la verità, suscita qualche dubbio di interpretazione; pare di capire che l'aiuto alla sorella avrebbe dovuto concretarsi addirittura in un matrimonio che il musicista ormai ultra cinquantenne cerca di sdrammatizzare facendo riferimento alla trama della sua fortunata opera *Ser Marcantonio*.

(13) C.A. 5039 del 6.4.1837 da Crema. Il riferimento è, con tutta probabilità, alle coltivazioni di gelso per l'allevamento dei bachi da seta.

(14) C.A. 5018 del 24.11.1836 da Crema (il riferimento è, forse, a quell'*Elementi di contrappunto* pubblicato postumo a Firenze proprio nel 1836) e C.A. 4994 del 27.10.1831 da Crema.

(15) Il successo nascente di Milano dipendeva in primo luogo dal fatto di essere divenuta la capitale della Repubblica Cisalpina (1797), della Repubblica Italiana (1802) e infine dal 1805 la capitale del Regno d'Italia napoleonico. Negli anni di dominio napoleonico il monopolio del gioco d'azzardo garantiva un notevole giro di denaro tale da consentire una certa grandiosità alle stagioni della Scala, come ha ben dimostrato JOHN ROSSELLI, *Agenti teatrali nel mondo dell'opera lirica italiana dell'Ottocento*, «Rivista Italiana di Musicologia», XVII (1982), p. 138.

(16) C.A. 4979 del 3.12.1830 da Venezia. Questa segnalazione di Pavesi ci consente di datare il momento in cui il castrato Velluti si ritirò dalle scene e pose fine alla sua trionfale carriera.

(17) Si veda la cartella *Cappella di Musica*, presso l'Archivio del Consorzio del SS. Sacramento della Cattedrale di Crema, dove si conservano alcuni permessi chiesti da Pavesi: il 5.11.1818 (per Venezia), il 27.9.1820 (per Napoli), il 20.10.1821, il 12.9.1822, il 21.10.1822 ed il 16.11.1823 (per Venezia). La trascrizione di questi documenti si legge in EMMA BARBAGLIO, *La cappella musicale del Duomo di Crema dal 1837 al 1862. Studio su documenti d'archivio*, Tesi di laurea, Università degli Studi di Parma, facoltà di Magistero, a.a. 1983-84, pp. 81-87 (ai nn. 9, 13, 15, 18-20). Altri compositori sceglieranno soluzioni analoghe: Generali a Novara, Pacini a Lucca, Mayr a Bergamo, Zingarelli a Loreto, Roma, Napoli.

(18) Le citazioni sono tratte tutte da C.A. 5009 del 18.7.1834 da Crema.

(19) C.A. 5032 del 2.3.1845 e C.A. 5019 del 26.2.1837 da Crema.

(20) Si veda lo studio di FLAVIO ARPINI, *La cappella musicale della Cattedrale di Crema nella prima metà dell'Ottocento*, in *Giovanni Bottesini e la civiltà musicale cremasca. Atti del convegno di Studi, Crema 25 ottobre 1989*, a cura di Flavio Arpini e Elena Mariani, Crema, Centro Culturale S. Agostino, 1991 (Quaderni del Centro Culturale S. Agostino, 10), pp. 17-18 e nota 18 alle pp. 24-25.

(21) C.A. 4959 del 5.3.1823 da Venezia.

(22) C.A. 4962 del 5.7.1826 da Crema.

(23) Pavesi fu a Venezia almeno negli anni 1823, '24, '27, e dal 1830 al '33. Bisogna ricordare che il soggiorno nella città lagunare era obbligato per «Li Poeti e Maestri di musica autori delle opere nuove» che dovevano scrivere e comporre già in sede e non potevano lasciare il teatro «se non dopo le due prime recite». Cfr. Archivio del Teatro La Fenice di Venezia, *Spettacoli dal 1818 al 1827*, Busta 1, appalto Crivelli del 16.6.1821 paragrafo III cit. da MARIA GIRARDI, *Morlacchi e i suoi rapporti con Venezia*, in *Francesco Morlacchi e la musica* cit., p. 116, nota 36.

(24) Dove si rappresentò la farsa *Un avvertimento ai gelosi*. A questo proposito si veda ELENA MARIANI, *Una farsa inedita di Stefano Pavesi*, in *Gli affetti convenienti all'idee. Studi sulla musica vocale italiana*, a cura di Maria Caraci Vela, Rosa Cafiero e Angela Romagnoli, Napoli, Edizioni Scientifiche Italiane, 1993 (Archivio del Teatro e dello Spettacolo, 3), pp. 293-314. Sul problema del 'genere' farsa nel mondo operistico di fine Settecento e inizio Ottocento si leggano i contributi contenuti nel volume *I vicini di Mozart. II: La farsa musicale veneziana (1750-1810)*, a cura di David Bryant, Firenze, Olschki, 1989: DAVID BRYANT, *La farsa musicale: coordinate per la storia di un genere non-genere*; ELVIDIO SURIAN, *La farsa nella carriera dell'operista italiano degli anni 1795-1820*; ROBERTO VERTI, *Indizi su repertorio, geografia e milieu delle farse per musica*. E, ancora, DAVID BRYANT, *Un sistema di consumo dell'opera italiana nel primo Ottocento: il caso della farsa*, in *Atti del XIV congresso della Società internazionale di musicologia. Trasmissione e recezione delle forme di cultura musicale*, I: *Round Tables*, a cura di Angelo Pompilio, Donatella Restani, Lorenzo Bianconi, F.Alberto Gallo, Torino, EDT, 1990, pp. 497-503.

(25) C.A. 4960 del 12.1.1824 da Venezia. La lettera è riportata integralmente nell'Appendice a questo articolo.

(26) In quanto citati con un monogramma: «due bravissimi scrittori M. e B. [...] il Sangue Blu [...] il Barone». In quella stessa stagione teatrale la Fenice propose al pubblico altre due prime assolute oltre all'*Egilda di Provenza* di Pavesi/Romani, l'*Ilda d'Avenel* di Morlacchi/Rossi e *Il Crociato in Egitto* di Meyerbeer/Rossi. «M» dovrebbe essere il musicista tedesco, mentre il «Barone» potrebbe essere un singolare epiteto per Morlacchi. Il «Sangue blu» che pare sovrastare tutti con determinante giudizio censorio potrebbe coincidere con la figura di qualche critico musicale.

(27) Vedi nota (25). I cantanti con cui lavorò Pavesi in quell'occasione erano Henriette Lalande, Brigida Lorenzani, Gaetano Crivelli, Giovanni Battista Velluti.

(28) C.A. 4978 da Venezia del 14.12.1830; l'opera era *Fenella o la muta di Portici* su libretto di Gaetano Rossi e andò in scena il 5.2.1831 alla Fenice.

(29) Cfr. Faustino Vimercati Sanseverino, *op. cit.*, p. 36. Proprio questo librettista era l'autore di quella che avrebbe potuto essere l'ultima opera dopo *Fenella*: in una lettera del 1831 (C.A. 4992 del 2.7.1831 da Crema) Pavesi raccontò una «bricconata» che gli avevano giocato il sensale Merelli e l'impresario Crivelli: l'opera di Romani fu affidata, all'ultimo momento, al maestro Cesare Pugni e andò in scena alla Scala nel carnevale 1832 con il titolo «Il disertore svizzero ovvero La nostalgia».

(30) Faustino Vimercati Sanseverino, *op. cit.*, p. 26 riferisce queste novità stilistiche al periodo intorno al 1816-17, in concomitanza con la composizione dell'opera *Le Danaidi* per la Fenice di Venezia. Anche Francesco Regli, nel breve profilo di Pavesi tracciato nel suo *Dizionario biografico dei più illustri poeti e artisti melodrammatici* [...] *in Italia dal 1800 al 1860*, Torino, 1860, p. 384, *s.v.* Pavesi lo ricorda come autore di una particolare modalità compositivo-esecutiva: «È stato l'inventore del canto scoperto, o per lo meno, quegli che ne' Teatri miselo in pratica».

(31) C.A. 4975/2 del 8.7.1830 da Milano.

(32) Ne «Il Censore Universale dei Teatri», n. 24, 25 marzo 1829, p. 96 si trova un *Avviso* tradotto dal giornale viennese «Raccoglitore»: «[...] il famoso compositore di musica e maestro di canto Pavesi è arrivato a Vienna, ed ha accettato l'impiego di m° di cappella e direttore del canto del Ces. R. Teatro dell'opera nazionale [...] auguri al buon incominciamento del generoso suo incarico». Luigi Prividali, «proprietario ed estensore» del «Censore» precisa in margine alla notizia che «il maestro Pavesi scriverà forse qualche nuova composizione per quel teatro dell'Opera, ma non è ad esso minimamente vincolato, ed anzi non gli sarebbe spiacevole qualche nuovo impegno in Italia». Tali dati appaiono contrastanti con quanto abitualmente riportato dai dizionari biografici (che ricalcano le asserzioni del Sanseverino) e che, cioè, Pavesi fosse a Vienna regolarmente per sei mesi all'anno con un incarico ufficiale ininterrottamente dal 1826 al 1830; confermano, invece, il tono generale riscontrato nelle lettere da Vienna e dunque la sensazione che il ruolo di Pavesi fosse in realtà precario. Niente a che vedere con l'incarico di maestro di cappella da camera e compositore di corte (*Hofkapellmeister*) assunto da Donizetti nel 1842 che così lo descriveva: «saria l'obbligo di dirigere i concerti soltanto nel R. appartamento due o tre volte all'anno, e pagandomi a parte ogni cantata che mi si ordinasse, ed avendo ogni anno sei mesi o cinque di permesso, essendo a tal posto onorifico annesso l'onorario di fiorini fini 3mila annui», cfr. Guido Zavadini, *op. cit.*, n. 428.

(33) Gli impieghi all'estero erano molto ben remunerati e costituivano un'appetibile integrazione o alternativa alla carriera operistica: si consideri il caso di Morlacchi che fu *Kapellmeister* a Dresda dal 1810 all'anno della morte (1841) o quello di Spontini, a Berlino dal 1820 al 1842. È il caso di ricordare che Milano gravitava nell'orbita austriaca già da qualche anno. Cfr. ad esempio il parere di GUGLIELMO BARBLAN che ritiene che le recite mozartiane milanesi dopo il 1814 rientrino «in quella politica culturale-artistica con la quale Metternich tendeva ad avvicinare Milano a Vienna anche in campo musicale» (*La fortuna di Mozart a Milano nell'Ottocento*, in *Mozart und Italien*, Atti del «Colloquium Roma 1974», «Analecta Musicologica», XVIII (1978), p. 25). Va menzionato il fatto che proprio nei primi decenni del XIX secolo l'appalto per i teatri di Vienna era nelle mani di impresari italiani come Barbaja (dal 1822 al '28) e Merelli (dal 1836 al '48). Non è difficile immaginare, dunque, un legame fra Pavesi e la capitale austriaca mediato da una combinazione di questi fattori.

(34) C.A. 4970 del 19.12.1829 da Vienna.

(35) C.A. 4971 del 12.3.1828 da Vienna.

(36) Cfr. «Il Censore Universale dei Teatri», n. 43, 30 maggio 1829, p. 172 che pubblica una dichiarazione dello stesso maestro Pavesi: «[...] È vero che scrissi già da tempo un'opera col titolo la *Festa della Rosa* [...] e questa, or sono quattro anni, corressi alcun poco, e consegnai in Napoli al sig. Domenico Barbaja, onde fosse colà eseguita; vedendo però che questa esecuzione non aveva mai luogo, né ritrovandomi di quelle correzioni contento, richiamai a me lo spartito, feci rifare tutta la poesia del secondo atto, ed accomodare quella del primo, e vi scrissi una musica tutta nuova, eccettuato il duetto del primo atto: *io ti vidi e ti ammirai*, parte del terzetto del second'atto, ed alcuni pensieri in qua ed in là conservati». La traduzione dall'italiano dell'opera, a cura di «Carlo Barone di Braun», consentià alla stessa di essere inserita con tutta probabilità nella stagione 'tedesca', cioè composta da opere cantate in lingua tedesca (cfr. RUDOLPH ANGERMÜLLER, *Il periodo viennese di Donizetti*, in *Atti del I Convegno Internazionale di Studi donizettiani. 22-28 settembre 1975*, 2 voll., a cura di Pieralberto Cattaneo, II, Azienda autonoma di Turismo, Bergamo, 1983, pp. 627-29).

(37) «Il Censore Universale dei Teatri», n. 41, 23 maggio 1829, p. 163 riporta la recensione di Adolf Bäuerle dalla «Gazzetta Universale dei Teatri».

(38) Dove a Pavesi capitò, fra l'altro, di eseguire nell'ambito di un'accademia una *Salve Regina* molto apprezzata ed applaudita: cfr. FAUSTINO VIMERCATI SANSEVERINO, *op. cit.*, p. 30.

(39) Cfr. FAUSTINO VIMERCATI SANSEVERINO, *op. cit.*, p. 27. Si tratta di quel *Parnaso Italiano. Saggio di componimenti ad una, due, tre e quattro voci [...] con accomp.to di Pianoforte* conservato a Vienna presso l'Österreichische Nationalbibliothek, Musiksammlung ed edito da Pietro Mechetti. «Scelse dalle opere di Metastasio alcune arie, duetti e terzetti, cui adattò cantilene facili e spontanee, in modo che la voce potesse aver campo di spiegare tutta la sua forza, e sebbene siasi limitato negli accompagnamenti al solo gravicembalo od arpa, vi diede tutto quel movimento, che nuocere non potesse al canto. Questo lavoro pubbblicato a Vienna [...] fu ivi ben accolto dai dilettanti e dai maestri di musica, che tosto se ne servirono [...] non credo però sia conosciuto in Italia, non avendolo mai trovato sui cataloghi dai nostri negozianti di musica» (in FAUSTINO VIMERCATI SANSEVERINO, *op. cit.*, pp. 27-28).

(40) *Ibidem*, p. 27.

(41) Tutte le citazioni relative a questo episodio sono tratte da C.A. 4974, 4973, 4975/1 rispettivamente del 1, 4, 8.7.1830. Cfr. anche JOHN ROSSELLI, *L'impresario* cit., p. 122 e nota 73 a p. 196. Si veda la trascrizione integrale delle tre lettere fornita nell'Appendice a questo articolo.

(42) C.A. 4973 cit. alla nota precedente. Pavesi parla di un'opera buffa «quasi del tutto nuova». Forse la stessa che propose a Vienna (cfr. nota 36)?

(43) C.A. 4977 del 4.12.1830 da Venezia. Alessandro Rolla fu l'autentico animatore della vita culturale musicale milanese nell'ultimo scorcio del Settecento e nei primi tre decenni dell'Ottocento tanto negli ambienti ufficiali (Teatro alla Scala, Conservatorio) quanto nei circoli privati (cfr. GUGLIELMO BARBLAN, *Beethoven in Lombardia nell'Ottocento*, «Nuova Rivista Musicale Italiana», VI (1972), pp. 3-63).

(44) Il primo studio sul rapporto Rossini-Pavesi si deve a MARINA MARINO, *Il teatro musicale di Stefano Pavesi: primi accertamenti e suoi rapporti con Rossini*, Tesi di laurea, Università degli Studi di Napoli, facoltà di Lettere e Filosofia, a.a. 1982-83. Ben cinque opere furono musicate da Pavesi e poi da Rossini a distanza di qualche anno. A questo riguardo e a proposito del 'furto' di un'aria di Pavesi da parte di Rossini si veda MARINA MARINO, *Rossini e Pavesi. A proposito di un'aria dell'Eduardo e Cristina*, «Bollettino del Centro Rossiniano di Studi», (1986), n. 1-3, pp. 5-14.

(45) In *Vita di Rossini*, Firenze, Passigli, s.d., p. 276 (ed. originale *Vie de Rossini*, Paris, Boulland, 1823).

(46) Lettera da Venezia ad uno sconosciuto datata 20.10.1812: «Io faccio vita con il matto Pavesi ed è per questo che son divenuto savio» (cfr. *Gioachino Rossini: lettere e documenti*, a cura di Bruno Cagli e Sergio Ragni, vol. I, Fondazione Rossini, Pesaro, 1992, pp. 50-51). È probabile che i due si siano conosciuti a Bologna in occasione della rappresentazione in forma scenica dell'oratorio di Pavesi *Il trionfo di Gedeone* al Teatro del Corso nella Quaresima del 1810. Dopo il 1804 Rossini risulta spesso scritturato come maestro al cembalo in esecuzioni operistiche nei teatri di Ravenna, Senigallia, Ferrara; nell'aprile-maggio 1810 fu certamente a Bologna come maestro al cembalo in due concerti per l'Accademia dei Concordi: cfr. MARCO BEGHELLI, *Bologna, nobile patria di aggressioni e di mortadelle*, in *Rossini 1792-1992. Mostra storico-documentaria*, a cura di Marco Bucarelli, Perugia, Electa, 1992, p. 82. Sui rapporti fra Rossini e Pavesi a Venezia si veda ora PAOLO PINAMONTI, *Da «ornamento dell'Italia» a «dominator musicale del mondo»: Rossini nella vita teatrale veneziana*, in *Rossini 1792-1992* cit., p. 103.

(47) Il conte Melzi aveva invitato Pavesi a Milano per ascoltare il brano di Rossini, probabilmente nell'esecuzione data alla Scala fra il 4 ed il 6 aprile di quell'anno (cfr. «Gazzetta Musicale di Milano», n. 15, 10 aprile 1842). Ma Pavesi asserisce di conoscere già lo *Stabat* alludendo all'Amen finale (n. 10, Coro, In sempiterna saecula), sostituito dal pesarese nel 1841 a quello di Tadolini.
Se è improbabile (per motivi di salute) che Pavesi abbia ascoltato lo *Stabat Mater* a Bologna il 18, 19, 20 marzo, sotto la direzione di Donizetti, in quella che è considerata la prima esecuzione assoluta italiana della redazione definitiva, è pure improbabile che lo avesse ascoltato in una precedente esecuzione privata fiorentina del 14 marzo. Bisogna

forse credere che il compositore cremasco fosse in quel di Milano quando, il 4 marzo nella chiesa di Sant'Antonio, la composizione venne eseguita con accompagnamento di solo pianoforte e voci esclusivamente maschili (cfr. ALBERTO BASSO, *Rossini e la musica sacra*, «Bollettino del Centro Rossiniano di Studi», 1984, n. 1-3, pp. 5-20) o che l'avesse potuto conoscere attraverso altri canali privilegiati.

(48) C.A. 5026 del 11.4.1842 da Crema, riportata in Appendice a questo articolo.

(49) Cfr. ROSA CAFIERO, *La didattica del partimento a Napoli fra Settecento e Ottocento: note sulla fortuna delle «Regole» di Carlo Cotumacci* in *Gli affetti*, cit., pp. 558 sgg. e FRANCO C. GRECO, *Immagini della città sulla scena musicale napoletana dell'Ottocento, Gli affetti* cit., p. 324 e particolarmente note 14 e 17. Tuttavia non bisogna credere che la corte napoletana fosse conservatrice e poco illuminata. La tendenza all'internazionalismo della vita teatrale napoletana e il mecenatismo della monarchia sono stati variamente documentati. Si veda, ad esempio, il panorama che ne propone BRUNO CAGLI, *All'ombra dei gigli d'oro*, in *Rossini 1792-1992* cit., pp. 161-167, secondo il quale: «La realtà napoletana era tanto più complessa quanto maggiore era il peso della tradizione da un lato, il desiderio di innovare e essere al passo coi tempi dall'altro».

(50) Sulla ricezione del 'fenomeno Rossini' nella pubblicistica a lui coeva e sui giudizi discordi che trascesero i reali successi di pubblico del Pesarese, si veda *Rossiniana. Antologia della critica nella prima metà dell'Ottocento*, a cura di Carlida Steffan, Pordenone, Studio Tesi, 1992, pp. IX-XXXII.

(51) C.A. 5097 del 30.3.1848 e C.A. 5098 del 29.6.1848 da Crema.

(52) C.A. 5101 del 7.7.1850 da Crema.

APPENDICE

TRASCRIZIONE DI DOCUMENTI

Le lettere che qui si pubblicano sono state scelte dal carteggio Pavesi-Melzi per documentare alcuni diversi momenti della vita del compositore. La n. 1 è un appassionato resoconto del clima teatrale veneziano nel carnevale 1823-24, con una chiusa che illumina anche sul rapporto cordiale quasi cameratesco che univa i due personaggi.

Segue un gruppo di missive del 1830 (nn. 2, 3, 4) che mostra cosa poteva accadere ad un compositore ormai in declino che accettava di comporre un melodramma subendo le condizioni dell'impresario.

La lettera n. 5, dell'anno successivo, fotografa i problemi di Pavesi quando, in seguito alla defezione del castrato Velluti (colonna portante della compagnia della Fenice), si rivolge a Milano per cercare «un mezzo soprano per suplire». Siamo all'ultimo atto di una fitta serie di corrispondenze in cui colpi di scena e scritture 'sbagliate' accompagnano la composizione dell'ultima opera di Pavesi.

La lettera n. 6 coglie l'attesa e il fermento prima del debutto della Malibran a Milano e ironizza sui guai organizzativi della Fenice di Venezia.

L'ultimo documento (n. 7) è forse l'esempio più interessante e concreto del modo di porsi nei confronti del nuovo (= Rossini) da parte di un musicista ormai defilato dai circuiti musicali attivi e intimamente legato alla sua formazione scolastica 'napoletana'.

Le lettere trascritte appartengono tutte alla biblioteca «Livia Simoni» del Museo Teatrale alla Scala. Sono state conservate la grafia e la punteggiatura originali, intervenendo solo per ovviare a possibili incomprensioni.

Doc. n. 1

Venezia li 12 genaro 1824

don Gaetano pregiatis.o Lo prego a leggere tutta
questa mia lettera con pazienza

Crederei di mancare a quella stima e rispetto, che ho sempre nutrito, e che nutrirò fin
che avrò vita per lei don Gaetano pregiatis.o se non le dessi le nuove di questo Teatro
dove io ho avuto tanto a che fare. Io come maestro in confronto di questi altri due bravissimi scrittori *M.* e *B.* mi conosco pur troppo degno di essere messo frà il numero degli
invalidi. Nulla dimeno avendo una eccelente compagnia, ho fatto tutto il possibile per
quella poca praticaccia che ho di Teatro, di lasciare libero il cantante acciò questi possa
fare conoscere il suo valore (meno però il bravo Velluti che fù da me sacrificato involontariamente). In fatti in gran parte questo mio piano è riuscito, ma non per il mio bene,
se qualche pezzo fà effetto è merito del cantore, oppure del Gran Velluti per avergli lui
stesso insegnato la parte, (ed io ne son garante che a nessuno lui ha insegnato un sol
periodo.) Ma il *Sangue Blù* così ha deciso. Se poi qualche mio amico vuole difendere
qualche pezzo di musica in questa mia opera, và con molta precauzione per timore del
sangue blù, perché poi il sangue Blù non vorrebbe che ne avesse a male il maestro che
mi d[...] [...]ccedere, cosa che *M:* non ci pensa nemeno, perché lui stesso ↓ede bene che
il mio genere di musica non li può fare il minimo ostacolo. Nulla dimeno il sonatismo
è tale che se in Venezia vi fossero cavalli, o carozze, sono certo che sotto la casa del
maestro *M.* metterebbero molta paglia per non disturbarlo quando scrive o dorme. Trovo che il pubblico ha tutte le ragioni di apprezzare i tanti Talenti di questo eccelente scrittore, ed io pure sono della stessa oppinione, con la diferenza che ho l'uguale stima anche
per il Barone, cosa che il sangue *Blù* in pieno non vuole farmela buona: Ma io poi credo
di non ingannarmi, e per quanto sia limitato il mio impegno lo credo però abastanza
per conoscerne l'alto preggio di questi due bravi compositori.
Fin adesso ho scritto la parte seria; adesso veniamo alla Buffa, Io vorrei anche far ridere
don Gaetano perché temo di averlo seccato. Ancora due righe e poi entrerò nella parte
buffa. Che il mio scrivere non piaccia più a Venezia mi dispiace fino a un dato segno,
ma se tanto mi da tanto cosa succederà negli altri paesi! basta passiamo ad altro. Il di-
sgusto poi più terribile per me è quello della Bellezza personale: eccoci al ponto Buffo.
Io che credevo di essere l'adone di Venezia, per il mio bel collorito, per le mie belle so-
pracciglia, per la mia bella capigliatura bionda, per le mie brillanti gambe un poco storte,
ma che formano il bello del mio personale, tutto ad un tratto mi trovo sbancato, da chi!
da *M.* Io poi non avrei mai creduto che questo mio coleglia fosse più bello di me, pi[ù]
br[av]o assai, sì: ma non più bello.
Cosa vuole, tutte queste grandi damone non mi danno retta, appena, appena, qualche
occhiata di compassione, oppure di disprezzo è il premio della mia bellezza, e delle mie

tante ladre Fatiche: Per questo l'uomo non deve mai insuperbirsi, perche presto o Tardi viene avvilito e disprezzato: eccomi nel caso

Ho finito la grande Tiritela, e sono stanco di scrivere, e v.s. sarà stanco di leggere così avremo fatto patta.

Quando ha la penna in mano lo prego di regalare due righe al suo servo Brighella, se non altro per memoria della bellezza Stefanina adesso tanto disprezzata dalle damone veneziane, che io però sempre venero, e rispetto con altra tanta umiltà. Porga i miei doveri alla eccelente dona amaglia, e figli, e a don Felice, e a tutti li miei amici, e mi creda per la vita

Suo umilis.o devotis.o obbligati.o servo
Stefano Pavesi

sul *verso*:
Al Nobile Signore
Il Sig.r don gaetano Melzi
corso di porta nuova
Milano
[timbro: C.A. 4960]

Doc. n. 2

Crema pr.o luglio 1830
don Gaetano pregiatis.o

Don Gaetano è sempre stato mio buon padrone, e lo sarà sempre, inconseguenza qualunque cosa sarà da lui stabilita sarà per me una legge. Ho avuto sù questo proposito lettera anche dal sig.r Merelli, e non mi sono rifiutato: a lo stesso feci un cenno sù l'opera la festa di maggio quallora si tratasse di un opera Buffa, ma da quanto mi pare amano che io scriva in serio, e trattandosi di scrivere un opera nuova in pochi mesi, amo meglio anch io scrivere in serio che in buffo. Allo stesso sig.r Merelli ho fatto presente che mi occore un tempo conveniente, e sopra tutto un buon libro per potermi ajutare. Raporto al prezzo faccia lei tutto quel che crede ma che resti la cosa secreta onde salvare la mia convenienza. La prego di porgere i miei complimenti a donna amaglia e figli mentre mi professo di v.s.

serv.e umilis.o devotis.o
Stefano Pavesi

sul *verso*:
All'Ornatis.o Sig.r
Il Sig.r Don Gaetano Melzi
Milano
[timbro C.A. 4974]

Doc. n. 3

Crema li 4 luglio 1830
don Gaetano pregiatis.o

Incomincio dal ringraziare don Gaetano di tanta bontà che ha per me, e lo prego di continuarmela ed avere pazienza.

È vero che l'interesse non è il mio Idolo, ma sino a un certo ponto però. È pure vero che v.s. mi ha scritto per un regalo ma ho sempre ritenuto che l'impresa intendesse di dire con la parola regalo una conveniente paga, come devo suporre dalla lettera dello stesso Sig.r Merelli, il quale si esprime in questi termini. *se siete disposto ad adattarvi a ciò che può fare quel Teatro avrete subito il contratto.*

Nessuno ignora che l'impresa della Canobiana non faccia le veci della Scala, dunque non posso suporre che l'impresa intenda per regalo una paga che mi faceva torto. se poi l'impresa vuole adattarsi alla mia opera Buffa quasi del tutto nuova può bene essere certa ch'io non avrò nessunissima pretesa. Io non mi rifiuto di scrivere l'opera non avendo mai mancato di parola ai giorni miei. Ma se l'impresa intendesse di darmi una paga da principiante non sarei certamente in grado di servirla, e se io ho proposto di fare questo contratto secreto si è perche capiva bene dal intreccio di questo affare che non potevo sperare le paghe che corrono in giornata. Io spero che V.S. anzi sono certo che si penetrerà delle mie ragioni, come da varj finissimi tocchi rilevo dalle sue lettere, che mi assicurono sempre più il suo interesse per me. Mi voglia bene e si ricordi sempre di me

Suo Servo umilis.o devotis.o
Stefano Pavesi

sul *verso*:
PREME
All'Ornatis.o Sig.r
Il Sig.r Don Gaetano Melzi
Milano
[timbro: C.A. 4973]

50

Doc. n. 4

Milano li 8 luglio *1830*
don Gaetano Pregiatis.o

Corpo di bacco! quando il tutto credea finito fù allora che il Merelli mi cercò e mi disse che la giornata non era per anco finita, e che attendea la risposta del Governo, ed in fatti la risposta fù affermativa. Allora il Merelli mi disse, *voi siete un galantuomo e non mi mancherete per il prezzo se voi volete potete approfittare del momento, potete darmi la legge.* in somma a furia di dirmi che io sono un galantuomo mi ha fatto sottoscrivere la scrittura mediante due mille e quattro cento svanziche, e con tutti gli obblighi che desideravo, la sua partenza mi ha costato più di trecento franchi, dunque spero almeno che vorrà venire domenica a Bolgare a sentire la mia ladra musica mi voglia bene e mi creda il suo servo.

Stefano Pavesi

[timbro: C.A. 4975/1]

allegato:
Pavesi ha sottoscritto la scrittura, come egli già vi scrisse, perciò avrà forse bisogno di consigliarsi con voi; è dunque necessario che veniate a Bolgare Domenica, se non altro per sentire il suo nuovo metodo di scrivere, e di battere alla tedesca: I miei complimenti a donna Amalia, i saluti ai Figli e credetemi

Il vostro aff.o amico
don Sanseverino

All'Ornatis.o Sig.r
Il Sig.r Don Gaetano Melzi
a Santa Maria la Molgora
[timbro: C.A. 4975/2]

Doc. n. 5

don Gaetano pregiatis.o
anche donna amaglia amalata! ringraziamo il cielo però che stà meglio. oh dio! quanti imbrogli! mi dispiacerebbe che don Gaetano fosse in collera con me, questa sarebbe la più grande disgrazia per me. è vero: io sono la cagione innocente di tutto questo, ma è sempre vero però che io non dovevo fidarmi da questi signori presidenti, che pur troppo mi hanno gioccato.

Il giorno 17 arivò l'avocato Comarolo in Venezia, io corsi subito alla sua casa supponendo scritturata la *Hoffman*, ma quale fù la mia sorpresa sentendo in vece scritturata la Belloli, che io non conosco per nulla, ma nella compagnia è conosciuta, e disaprovano la scelta perché ha pochissima voce per un gran Teatro. Io attaccai l'avocato comarolo lagnandomi di tutto il suo operato, ma lui si schermì con dei mezzi termini, e finalmente dicendomi che è vero che la Offman ha una bellisima voce ma che conosce poco assai la lingua italiana, e che sarebbe stato impossibile di andare in scena alla presta: Io prego don Gaetano di perdornarmi anco per questa volta, e li assicuro che non mi prenderò mai più la liberta di comprometterlo in affari Teatrali perché capisco che è lo stesso di fargli passare mille dispiacceri.

La sig.a Eherlin [Eckerlin] à tutti i torti di essere in collera con me, anzi in fervore con me come da lettere da lei scritte in Venezia, incolpando me sopra tutti della cativa opinione che si và sussorando sul di lei conto.

In vece sappia la sudetta, che io fui il primo a proporla alla presidenza, ma nel medesimo tempo sappia che un vespajo di maldicenti si scatenò contro di lei, e non solamente dalli imparziali, ma da quelli istessi artisti che hanno cantato con lei hanno dato le più triste informazioni sopra la sua voce, e sopra il suo carattere.

Che la sig.a Echerlin poi, si diverta col mezzo del eco a dir male di me, questo non può portare nessuno vantaggio a lei, perché l'esser io cativo maestro non farà mai diventare lei brava cantante, *sempre supponendo vero quello che si dice sul di lei raporto.*

Mentre io non la conosco né potevo mai immaginarmi d'avvere tai nemici: esamino poi la mia conscienza raporto a questa signora e non so trovare rimorsi per nessun conto. dunque conviene dire che sia una antipatia naturale contro di me. Il sig.r Berti mi disse l'altra sera che lui è pronto a far vedere la lettera scritta al sig.r Cacianiga per suo scarico. Non è possibile che v.s. possa essere incolpato sopra le cative informazioni del eherlin mentre Venezia ne sa più di tutti. multi incominciano a dire che il sig.r avocato Comarolo avrà fatto una delle sue solite falossate. In soma io li dimando mille scuse, e per conto mio non lo commettero mai più. Gli assicuro che sono afflittissimo per questa faccenda [dolor]osa.

Avrei di scrivere molte altre cose ma non voglio più seccarlo. Lo prego di compatirmi, e di non togliermi la di lei amicizia che stimo sopra tutto.
Lo prego dei miei complimenti con donna amaglia e famiglia, e passo a rassegnarmi di v.s.

servo umilis.o
Stefano Pavesi

sul *verso*:
Al Nobil Sig.r
Il Sig.r don Gaetano Melzi
Milano
[timbro: C.A. 4984]

Doc. n. 6

Milano li 2 Xbre del 1833

don Gaetano pregiatis.o

quante obbligazioni ho io mai con don Gaetano. basta, io non posso che ringraziarlo. Lo prego ancho di salutarmi e ringraziare il maestro pacini per l'opinione, e disposizione che ha per me contro ogni mio merito, insomma ad ogni modo ringrazio il mecenate, e l'amico.
In Milano pure vi è gran fermento per sentire la Malibrand, avendo questa destato lo stupore ovunque qui pure e desiderata. Godo sentire che v.s. con la sua famiglia si ritrovino contenti di Napoli, io pure me la passo sufficientemente bene in Milano. Laland ha voluto assolutamente che io li faccia compagnia in casa sua, perconseguenza non ho potuto disimpegnarmi, frà tanto un poco a Crema un poco a Milano me la passo. Spero che il Carnevale sarà passabile anco a milano e spero di godere dei buoni spettacoli.
Frà i tre litiganti il terzo gode *il publico* ecco tutto: la pasta è scritturata dalla presidenza di Venezia, e la Grisi è scritturata dal jmpresarjo. La Pasta vuole andare a Venezia essendo scritturata. La Grisi pure vuole far lo stesso, dunque io dico che saranno obbligati di farle cantare tutte e due, ed il publico godrà di questa combinazione fortunata, e frà tanto si farà la causa a chi tocca di pagarle. In Milano si parla molto di questa facenda.
Io non ho inteso la dona Bianca ma so che è divenuta nera, come io l'ho preveduto.
Mi faccia la grazia di porgere li miei doveri alla sempre amabile dona amaglia e famiglia e per non più seccarli finisco, sempre professandomi suo umiliss.o servo

Stefano Pavesi

sul *verso*:
Al Nobile sig.r
Il Sig.r don Gaetano Melzi
Napoli
[timbro: C.A. 5005]

Doc. n. 7

Crema, li 11 aprile 1842
don Gaetano Pregiatis.o

Il freddo improviso di questi giorni mi cagiona dei forti dolori in molte parti del mio corpo, per cui sono obbligato di stare alquanto ritirato. La tentazione mi dominava di venire a milano, non tanto per lo stabat del celebre Rossini, come per sapere la novità consolante che esiste in sua casa, cosa che mi stà tanto a cuore di sapere; ma mi conviene adopperare prudenza per potere a stagione più avanzata godere della di lei compagnia, posto che hà tanta bontà per me!
Conosco lo Stabat del celebre compositore, e rilevo delle belezze degne di lui. È ben vero che il giudicare un lavoro d'un tanto maestro, è un peso superiore al mio poco sapere nulla dimeno voglio dare ancor'io la mia opinione.
Il Fuggato sopra l'amen non è della Scuola di durante vale a dire *della scuola napoletana*. ma bensì della scuola del Padre Martini vale a dire della scuola Bolognese. l'una e l'altra di queste scuole ha fatto dei grandi compositori, ma la scuola durantesca vale a dire Napoletana, è molto superiore alla Bolognese. Veniamo al Fugato sopra l'amen del gran maestro. Questa fuga è composta d'un sogetto e contra sogetto; ma tutti e due li sogetti sono troppo minuti, come pure le imitazioni che conducono il fugato sono troppo strette. Se in vece questo fugato fosse della scuola Napoletana, uno dei due sogetti sarebbe grave per cui sosterebbe l'altro sogetto minuto, ed allora l'effetto sarebbe completo. nulla di meno questo amen fugato nel suo genere merita tutte le lodi così a me sembra. decida poi chi ne sa più di me.
I miei rispetti a donna amaglia e famiglia e mi creda per la vita

Vstro serv. umili.o d.o
Stefano Pavesi

sul *verso*:
Al Nobile sig.r
Il Sig.r don Gaetano Melzi
Milano
[timbro: C.A. 5026]

ANTONIO DELFINO

SPIGOLATURE FILOLOGICHE INTORNO ALLA MUSICA DA CAMERA DI GIOVANNI BOTTESINI

Gli studi che sono stati pubblicati in seguito alla ricorrenza del I centenario della morte costituiscono ormai un sussidio utile e, sotto certi aspetti, imprescindibile per la riscoperta della figura e dell'opera di Giovanni Bottesini[1]. La vicenda biografica è stata ricostruita fino nei minimi particolari, così come grande attenzione è stata dedicata alla ricognizione degli innumerevoli ambienti musicali in cui egli ha operato in qualità di virtuoso di contrabbasso e di direttore d'orchestra, soprattutto nel campo operistico.

Dal punto di vista critico le sue musiche sono state complessivamente valutate con favore e hanno avuto una collocazione storica piuttosto precisa. Nei confronti della musica da camera, per limitarci al tema che qui interessa, sono state affrontate delle analisi formali che hanno il merito di fornire un quadro abbastanza preciso di questa produzione[2].

La ricerca diretta sulle fonti musicali non può però limitarsi alla compilazione di un catalogo delle composizioni, strumento di lavoro certamente primario[3], ma deve porsi come obiettivo il recupero delle musiche stesse alla pratica esecutiva, in altre parole incaricarsi di fornire un testo critico all'esecutore e allo studioso sú cui verificare e misurare la portata storica dell'autore.

Le osservazioni che vengono qui offerte, pur nella loro frammentarietà, partono dalla convinzione che questo, tra i campi d'indagine aventi per tema il compositore cremasco, sia il più urgente da intraprendere.

1. Con la sola eccezione del più noto Quartetto in Re maggiore, premiato al concorso Basevi del 1862 e pubblicato nello stesso anno da Giangualberto Guidi di Firenze, tutte le composizioni da camera di Bottesini che compaiono a stampa non recano, secondo le consuetudini tipografiche del tempo, alcuna data di edizione. È sulla base di altri elementi che devono quindi essere discussi i dati cronologici del 2° Quintetto in mi minore, anche in vista di risultati approssimativi.

Sottolineando «la scrittura particolarmente brillante per i due violoncelli», che farebbe pensare al periodo napoletano, e richiamandosi ad una notizia apparsa sulla «Gazzetta Musicale di Milano» del 28 settembre 1862, Giulio Odero ha ipotizzato che la data di composizione si possa collocare nel periodo di poco precedente al concerto inaugurale della Società del Quartetto di Napoli (14 settembre) a cui l'annuncio si riferisce [4]. Anche se il programma che egli riporta, tratto da Claudio Sartori [5], indica in termini generici 'un quintetto di Bottesini', le sue argomentazioni circa la possibilità che si tratti appunto di quello in mi minore sembrerebbero a prima vista abbastanza convincenti. Senonché è proprio il giornale in questione a non lasciare dubbi sull'identificazione della composizione quando ce ne parla come del 'Quintetto a Mercadante' [6], l'opera cameristica dedicata al celebre maestro napoletano e scritta alcuni anni addietro, precisamente nel 1858 [7].

Incidentalmente l'ipotesi sopra ricordata non è da ricusare *in toto*, ma alcuni elementi a suo sostegno si devono ricercare nelle fonti musicali a stampa [8].

Del 2° Quintetto in mi minore si conoscono due emissioni che si differenziano per un minimo particolare, che assume però una decisiva importanza ai fini della storia editoriale di questo brano.

Nel frontespizio della prima, ornato simmetricamente con volute filiformi a spirale, senza cornice ai margini e abbellito al centro da una lira inclinata verso sinistra da cui si dipartono due fronde orizzontali di alloro, si rileva il seguente testo in caratteri maiuscoli (eccetto la settima riga):

2do / Quintetto / Per / Due Violini Viola e Due Violoncelli / Composto dal Maestro / G. Bottesini / Prop. per Tutti i Paesi N°.. 4668, Lire. 3. nette / Napoli / Tito di Giovanni Ricordi / e Fratelli Clausetti / Malta presso G.. Le Brun.

Sulla copertina in carta più pesante di color giallo scuro è pure presente, nell'angolo in basso a sinistra, un timbro ovale in inchiostro rosso con la sigla «F.lli C.». Si tratta sicuramente della prima edizione pubblicata a Napoli dalla ditta Clausetti che già collaborava con Ricordi e che dal 1861, in seguito all'apertura di un deposito comune nella città partenopea [9], affianca la ragione sociale di quest'ultimo alla propria. Una conferma retrospettiva è la mancanza di questa edizione nel catalogo che Clausetti pubblica nel 1860 e che arriva fino al n. 3551 [10]. Tenendo conto del numero editoriale piuttosto alto e del fatto che nel 1864 la casa editrice sarà assorbita totalmente da Ricordi [11], l'arco di tempo in cui situare questa stampa va dal 1861 al 1864. Considerando inoltre che dal settembre del 1863 Bottesini è assente dall'Italia [12], si può collocare plausibilmente intorno al 1862 la data dell'edizione e ad un periodo immediatamente anteriore quella della composizione [13].

La seconda edizione in realtà non è altro che una ristampa delle lastre di Clausetti ormai divenute di proprietà Ricordi; è scomparso il timbro in inchiostro rosso e sono stati cambiati il numero editoriale e l'ammontare del prezzo: «39103. Fr. 10.. lordi» [14]. È senza ombra di dubbio la nuova numerazione Ricordi che, nonostante oltrepassi abbondantemente i limiti cronologici del *Catalogo numerico* [15], può essere assegnata con una certa sicurezza agli anni 1866 [16].

Da una impressione all'altra il testo musicale è rimasto immutato, anzi, quelle piccole imperfezioni che si notano in alcuni punti della prima tiratura non sono state ritoccate e neanche corretti quei pochi errori dovuti alla disattenzione dell'incisore; questi elementi si ritrovano quindi tali e quali nella tiratura successiva [17]. Semmai è avvertibile in quest'ultima una leggera e omogenea perdita di nitidezza del segno, dovuta all'inevitabile logoramento del materiale inciso.

La necessità di riproporre questo Quintetto a distanza di pochi anni, dovuta forse al limitato numero di esemplari della prima tiratura, avrà sì incrementato la diffusione della composizione rendendola disponibile ad un più ampio mercato, ma nello stesso tempo è testimonianza certa del favore che la partitura ha incontrato presso gli estimatori del maestro cremasco.

L'idea però che il testo musicale dato alle stampe rifletta lo stadio definitivo della creazione musicale è destinata, nel caso di Bottesini, ad essere riveduta nella sua globalità, a partire già dal Quintetto in mi minore. A questo proposito la copia della stampa Clausetti conservata a Parma si rivela di grande interesse [18]. Essa apparteneva, come tutte le altre fonti qui esaminate, alla raccolta personale del compositore, confluita *post mortem* nella Biblioteca del Conservatorio. In questa partitura sono testimoniati alcuni ripensamenti del Bottesini volti a modificare radicalmente la sostanza di due passaggi del primo tempo (Moderato). Gli interventi, autografi, sono realizzati mediante l'apposizione di due frammenti di carta pentagrammata incollata direttamente sulla pagina a stampa e la presenza dei quali trova un riscontro nella scritta a matita «Corretto» che compare sulla copertina editoriale [19].

Il primo di essi è situato nel passaggio tra l'Esposizione e lo Sviluppo della struttura sonatistica classica che informa questo movimento e che Bottesini, in tutta la sua produzione, assume con qualche personale deroga. Questo è un punto cardine notoriamente molto delicato per l'economia generale della composizione, in quanto la presenza o l'assenza del ritornello della prima parte può determinare equilibri formali molto differenti.

La versione pubblicata prevedeva il ritornello con la canonica ripresa da capo del tema principale (Tav. IV): il compito di ricondurre il discorso musicale alla tonalità d'impianto di mi minore è assolto dalle battute 78-80 (1ª volta) in cui la modulazione armonica si basa su di una scala discendente, prima cromatica e poi diatonica, ed è ritmicamente sottolineata dai tremoli di tutti gli strumenti. La sutura con l'esteso Sviluppo che segue, aperto dal più importante elemento del primo tema, utilizza il medesimo materiale di tremoli e scala discendente, questa volta orientato verso la tonalità di sol maggiore (battute 78-80).

Al momento dell'esecuzione, questi due passaggi quasi identici, distanziati come sono dall'intero svolgersi - per la seconda volta - dell'Esposizione, suonano come una sorta di 'rima baciata' musicale in fondo a due entità uguali. Il cambiamento di ritmo armonico che si verifica alla battuta 78, accordi del valore di minima contro il valore di seminima di tutti gli altri, non apporta molta novità, anche se può suggerire un momentaneo indugio prima che la composizione prosegua.

Quale sia la ragione vera che ha spinto Bottesini ad intervenire non ci è dato sapere: anche se essa potrebbe risiedere semplicemente nel desiderio di accorciare questo primo tempo, il risultato che ne deriva contribuisce ad una migliore riuscita di questa pagina del Quintetto.

Eliminando il ritornello dell'Esposizione, l'autore è costretto a verificarne le conseguenze su ciò che segue. Egli non scarta, come ci si aspetterebbe, le battute 78-80 della 1ª volta e neppure conserva le corrispondenti battute della 2ª volta, idonee a garantire uno scorrevole collegamento con lo Sviluppo, ma attua una sintesi tra i due passi, soprattutto nel violino primo, e privilegia decisamente l'andamento cromatico per la scala discendente nel violoncello secondo (Tav. V) [20].

La rinuncia al ritornello conferisce allo Sviluppo un'importanza maggiore poiché lo rende equivalente, come durata, all'Esposizione e permette così al dialogo strumentale di fluire senza interruzioni di sorta [21]. Il suo carattere unitario, «intriso di pungente malinconia» [22], è dovuto in gran parte anche alla costante presenza di quello spunto tratto dal primo tema che pervade l'intero tempo come un sottofondo e dal quale emergono le principali frasi melodiche (esempio 1) [23].

L'efficacia della loro interazione si avverte già dall'apparire del secondo tema (battuta 45) e quando lo stesso è posto all'inizio della Ripresa in Mi maggiore e affidato al violoncello primo, secondo una consuetudine cara a Bottesini.

Pur aprendo nuove possibilità espressive, la nuova tonalità nella quale il tema ricompare si inserisce con naturalezza nel contesto generale del movimento e ci conduce ad un episodio che si svolge inaspettatamente su un piano armonico totalmente nuovo.

Proprio su questo punto, l'autore opera un'altra scelta molto radicale, sulla medesima linea di un ripensamento della struttura orientato a ridefinire gli equilibri di alcune parti.

Il passo in oggetto riguarda la transizione dal secondo tema al primo tema, prima della Coda finale (Tav. VI).

In seguito alla reiterazione del disegno di quartine puntate di semicrome (battute 14-150) mutuate dalle battute 89-92, che avevano preparato l'episodio imitativo dello sviluppo, i tremoli dei due violini si aprono in uno tra i più interessanti episodi di tutto il Quintetto. L'irresistibile e continuo movimento in ascesa si espande liricamente nella tonalità di Re bemolle maggiore (con i due violini in ottava), per poi arrestarsi sul *climax* finalmente raggiunto a battuta 157 - ma il cui apice melodico (re bemolle) è interpretato enarmonicamente (do diesis) nelle due battute che seguono. L'effetto d'insieme è «grandioso», come ci suggerisce con entusiasmo la partitura, di respiro schubertiano e stupisce per la naturalezza con cui si produce la modulazione.

Tuttavia Bottesini deve aver giudicato l'episodio non perfettamente riuscito nel suo insieme, soprattutto per la ridondanza delle battute 157-160, ridotte nella nuova versione ad un passaggio di collegamento in valori di crome per meglio fondersi con l'impianto ritmico del tema principale (Tav. VII). Il succedersi dei vari eventi sonori è modificato sensibilmente in favore di una sintesi piuttosto che di una sostituzione degli stessi. Ma se da una parte si nota una distribuzione più omogenea del materiale musicale, tale da far sembrare molto più prevedibile l'innesto della battuta 151, dall'altra una diversa disposizione dei suoni di medesimi accordi - non espressi dalla notazione enarmonica - sortiscono una sorpresa tanto più netta quanto più breve nella durata e più ritardata nel tempo (esempio 2).

Sembra quasi che l'autore abbia così voluto preparare gradualmente con le nuove battute 151-155, soprattutto tramite l'interposizione di una cadenza d'inganno alla battuta 155, una decisa sottolineatura del maggiore elemento tematico, prima che l'intero tema principale sia enunciato, in una forma appena ridotta, per l'ultima volta.

Nell'economia generale di questo movimento, l'unico dell'intero Quintetto ad aver subito delle correzioni sulla stampa, Bottesini pare ricercare una maggiore coesione tra le varie parti del discorso musicale[24]. I suoi ripensamenti si concentrano proprio sugli elementi che, ad una rimeditata lettura, potevano non soddisfare pienamente i suoi intenti creativi: la ripetizione dell'intera prima parte e la dispersività di alcune idee della parte finale.

Non abbiamo elementi per stabilire quando ciò sia avvenuto, ma questo potrebbe probabilmente costituire uno dei primi segni di un atteggiamento più maturo e riflessivo da parte del compositore nei confronti della propria musica.

2. Problemi di tutt'altra natura pongono i due successivi e ultimi quintetti di Bottesini, quello in Fa maggiore e quello in La maggiore, entrambi con la seconda viola aggiunta e tutti e due manoscritti.

Il Quintetto in Fa maggiore reca sulla prima carta della partitura autografa la scritta «Quintetto G. Bottesini. Napoli 23 Febbrajo 1888.», mentre precise date e alcune indicazioni del totale delle battute sono fornite alla fine di ogni singolo movimento [25].

I mov.:	129 [battute] / Napoli 8 Febbrajo 1888
II mov.:	235
III mov.:	19 Febbrajo 1888
IV mov.:	28 Febbrajo 1888

Quello in La maggiore non porta alcuna data, ma in compenso una recente scritta a penna sulla pagina di guardia della rilegatura lo qualifica come «3° Quintetto» [26]. Un *ex libris* incollato sul piatto anteriore aggiunge importanti informazioni: «Biblioteca Musicale/di Parma/N° 237/Data 24 agosto 1890/Donatore Conte S. Sanvitale, Parma». Questo manoscritto non è ritenuto autografo da Odero [27], ma un confronto con la grafia musicale di Bottesini evidenzia la stessa mano, anche se qui il *ductus* della scrittura appare più affrettato e nervoso.

Gli elementi a disposizione sono esegui e, fra i tanti, il primo legittimo dubbio che sorge riguarda la successione dei due momenti creativi. Due sono le ovvie ipotesi preliminari che si possono formulare sulla base dei dati cronologici autografi e in conseguenza del credito che si intende dare o negare all'indicazione di «3° Quintetto»: a) se questa è corretta, la data di composizione del Quintetto in La maggiore deve essere anteposta a quella del Quintetto in Fa maggiore - febbraio 1888 - che risulterebbe così la quarta e ultima composizione da camera di Bottesini nel suo genere; b) se invece la consideriamo spuria, salvo la possibilità che possa verificarsi ancora l'ipotesi precedente, il Quintetto in La maggiore seguirebbe quello in Fa e si situerebbe tra le ultime fatiche dell'autore.

Una plausibile risposta a questi interrogativi può trarre spunto dall'intersecarsi di vari fattori più o meno evidenti.

Un primo punto fermo risiede, come sempre, nei resoconti dei concerti che compaiono tra le cronache musicale del tempo. La descrizione che si legge nella «Gazzetta Musicale di Milano» del 17 marzo 1889 circa l'esecuzione privata di 'un' quintetto avvenuta a Parma non risolve il problema, ma è pur sempre sufficiente a stabilire con un buon margine di sicurezza di quale dei due quintetti si parli: si riconoscerebbero, infatti, nei giudizi che il corrispondente avanza per i singoli quattro tempi, le indicazioni dei movimenti del Quintetto in Fa maggiore [28]. L'estensore dell'articolo, inoltre, nel tessere l'elogio del compositore e nell'auspicare un meritato successo al brano eseguito, ci informa che l'avvenimento a cui ha presenziato era una prima esecuzione [29]. Il tono con cui si esprime tradisce l'entusiasmo per una composizione piuttosto singolare nel suo genere, come di un capolavoro isolato che non trova confronti immediati. Del 3° Quintetto, quindi, non si avrebbero notizie fino al momento in cui esso appare esplicitamente indicato nella «Gazzetta Musicale di Milano» del 30 giugno come «il terzo bellissimo quintetto, inedito» eseguito durante altri due concerti (9 e 18 giugno) promossi dal conte Stefano Sanvitale nella sua casa di Parma, da un decennio sede di concerti annuali [30]. Appaiono scontate le domande: quali dei due quintetti furono realmente eseguiti nelle diverse occasioni? C'è una spiegazione per le presunte discrepanze e gli accenni purtroppo vaghi che si registrano nelle varie cronache? Se per terzo Quintetto eseguito a giugno si intendeva quello in La, come era allora considerato quello in Fa? L'esistenza di un biglietto di ringraziamento del 12 marzo 1889, in cui il conte Sanvitale dice di restituire a Bottesini la partitura del Quintetto presentato la sera precedente, ci permette di fissare all'11 marzo la data del primo concerto in questione, non l'opera eseguita [31]. Potrebbe sì trattarsi del Quintetto in Fa, a giudicare dal contesto in cui sembrerebbe situarsi il biglietto [32], ma può questa supposizione acquistare credibilità se si considerasse che anche la partitura del Quintetto in La era in possesso di Sanvitale e che soltanto dopo la morte del maestro sarebbe pervenuta nel fondo Bottesini, come attestato dall'*ex libris?* Non potrebbe invece il mecenate aver restituito all'indomani del concerto l'altra copia della partitura [33]?

Solo un'attenta ricostruzione della genesi di queste due opere potrebbe a questo punto fornire qualche elemento utile all'indagine.

Chi si è occupato di questi quintetti non è riuscito a chiarire concreta-

mente la situazione perché ha tralasciato quasi totalmente l'esame complessivo delle due fonti musicali per limitarsi a considerazioni di carattere estetico-
formale. Le valutazioni critiche date dai vari studiosi, talvolta espresse in
modo ambiguo, sono fondamentalmente riconducibili a due posizioni contrastanti che si identificano con le due ipotesi sopra esposte.

Da una parte Inzaghi e Martinotti avvallano la prima ipotesi, cioè ri-
tengono che il Quintetto in La sia precedente al 1888, l'uno catalogandolo
al n. 147 davanti a quello in Fa (n. 148), l'altro pronunciandosi nettamente
a favore di questo, ritenuto «l'opera conclusiva» e «di ben altro impegno»,
e relegando il Quintetto in La quasi ad un ruolo di transizione [34]. Dall'altra, invece, Vetro e Odero propendono per l'ipotesi opposta che vede il Quintetto in La come composizione che segue quello in Fa [35]. Nelle analisi di
quest'ultimo, inoltre, si impone per la prima volta e in modo corretto il
rapporto tra le due opere senza però spingere la discussione oltre i rilievi
di stretti richiami tematici e costruttivi tra i movimenti di apertura, dell'i-
dentità del tempo lento (trasportato in altra tonalità) e della presunta ugua-
glianza del finale, ma attribuendo all'esaurirsi della vena creativa di Bottesini l'operazione di 'riciclaggio' che informerebbe la stesura dell'ultimo
Quintetto.

L'analisi comparata delle due composizioni mette in luce molto più che
semplici affinità di materiale musicale, pone in stretta relazione le due opere, in un rapporto dialettico quasi indissolubile. Un primo sguardo al succedersi dei vari tempi e delle proporzioni generali, secondo lo schema sinot-
tico qui di seguito riportato, contribuisce a dare un'idea della singolare con-
nessione che intercorre tra i due Quintetti [36].

Quintetto in Fa (1888)		Quintetto in La	
Moderato		Allegro Moderato	
Fa 3/4	203	La C	203
Scherzo		[Scherzo]*	
Piuttosto Vivace		Allegretto Moderato	
re 3/4	235	Fa 3/8	227
Adagio		Andante	
Sib C	75	Re C	75
Finale. Allegro non tanto		Finale. Allegro Vivace	
Fa ¢	147	La ¢	323

* Indicazione a matita apposta successivamente

63

L'arco di battute in cui si svolge ogni singola parte di un quintetto trova nel corrispondente movimento dell'altro brano un'estensione quasi pari. Tra questi, l'Adagio e l'Andante sono due tempi sostanzialmente identici e si differenziano nella tonalità d'impianto che rimane in entrambi i casi in rapporto di sottodominante con la tonalità del rispettivo quintetto. Pur essendo i due Scherzi pagine tanto diverse quanto indipendenti nella loro concezione complessiva, nelle loro dimensioni formali, almeno sulla carta, sembrano equivalersi. Ancora più interessante è la corrispondenza del numero di battute relativo ai due tempi estremi: in apertura delle due opere la stessa quantità di battute caratterizza il Moderato e l'Allegro Moderato che mostrano però un diverso trattamento musicale, anche se riconducibile ad una stessa matrice, mentre il Finale del Quintetto in La si distingue a prima vista da quello in Fa per la maggiore lunghezza, anche se illusoria, determinata dal tipo di notazione in valori raddoppiati.

Al di là di questi dati più superficiali le reali analogie della musica scritta ci danno l'opportunità di allargare le nostre conoscenze circa il mutamento dell'ideale compositivo di Bottesini e i risultati espressivi che da esso derivano.

Collezionando il dettato musicale dei rispettivi tempi lenti si rinvengono alcuni elementi di fondamentale importanza per stabilire il giusto succedersi dei due momenti compositivi.

Rispetto agli altri tre movimenti, tutti interessati da correzioni più o meno numerose, la partitura del Quintetto in Fa maggiore appare nell'Adagio ritoccata più frequentemente [37]. La capillare revisione interessa ben quarantaquattro battute su settantacinque e oggetto delle modifiche sono soprattutto le parti interne. Quasi sempre si tratta di note isolate o gruppi di note distribuite diversamente tra gli strumenti, talvolta è il profilo melodico o l'aspetto ritmico di alcuni incisi a subire dei mutamenti, più raramente si cambia la strumentazione di intere frasi. Un esempio tra quelli più facilmente decifrabili è reperibile nell'episodio imitativo che segue l'enunciazione iniziale del tema (Tav. VIII). L'elemento tematico caratterizzato da una semiminima e da due quartine di semicrome muta alla battuta 12 la modalità di attacco - croma in contrattempo - nel primo violino e poi nel violoncello (battute 13-14), mentre nelle contemporanee parti interne sono variate le disposizioni di alcuni suoni negli accordi che completano il dialogo dei due strumenti.

Nella loro globalità tutti gli interventi sull'Adagio non incidono minimamente sulla struttura formale ma migliorano tanti piccoli particolari e conferiscono maggiore pienezza e sonorità a tutta la sua scrittura. Il lato interessante è che essi sono accolti *in toto* nella versione trasportata che si legge nel Quintetto in La maggiore. In quest'ultima, infatti, lo stesso testo musicale non presenta quasi cancellature e la sua lezione corrisponde, con rare eccezioni, a quella riveduta nel Quintetto precedente. La Tav. IX mostra lo stesso passaggio sopra esemplificato come appare nella partitura del Quintetto in La maggiore. È una prova evidente della sua diretta derivazione da quello in Fa maggiore, perché rappresenta lo stadio finale di un lavoro di perfezionamento iniziato evidentemente già sull'altra partitura e lì condotto a termine. Riuscirebbe assai difficile provare il contrario, cioè che sia l'Adagio del Quintetto in Fa a derivare dall'Andante di quello in La, in quanto non è sostenibile l'ipotesi per cui nel Quintetto in Fa maggiore Bottesini possa aver tentato soluzioni musicali differenti, per poi abbandonarle ripristinando un testo corretto e rifinito di cui già poteva disporre. I rapporti di stretta parentela che emergono dai due tempi lenti possono essere osservati anche in quelli esterni, anche se in modo meno puntuale.

Abbastanza singolare, ma non per questo priva di spiegazione, ci appare la riscrittura del Finale (Allegro non tanto) del Quintetto in Fa maggiore, che nella nuova versione raddoppia i valori metrici e muta l'indicazione agogica in Allegro Vivace (cfr. gli esempi 2 e 3 relativi al tema principale). L'operazione, la cui conseguenza più esteriore è il moltiplicarsi delle battute (in rapporto 2:1, più alcune aggiunte), è forse il frutto di una rinnovata concezione espressiva di tutta la pagina. È noto che la scrittura a valori più grandi porta inevitabilmente l'esecutore ad allargare l'andamento agogico del brano e anche se questo fenomeno, nel nostro caso, è in parte attenuato dalle parole Allegro Vivace, che vorrebbero imprimere uno stacco del tempo più spedito, il risultato è ben diverso rispetto alla notazione del Quintetto in Fa maggiore. La probabile intenzione di Bottesini è quella di suggerire qui una lettura meno briosa e scorrevole che esalti invece il carattere di solennità e monumentalità già insito nel materiale musicale originario. Non è un caso che taluni passaggi appaiano nella nuova veste come andamenti di corale ancora più marcati, anzi, nello riscriverne alcuni, certe piccole modifiche sembrano dettate proprio da questo intento compositivo [38].

Se il lavoro di rimaneggiamento non cessa con la stesura della nuova versione, come le numerose correzioni aggiunte al Finale del Quintetto in La maggiore dimostrano, ancora più radicale si presenta il rifacimento del primo tempo. L'opera di revisione cambia profondamente l'essenza del pensiero musicale stesso, nonostante la struttura formale si mantenga inalterata. Quello che nel Quintetto in Fa era un discorso musicale molto scorrevole dominato da «un tema sereno e tranquillo, appena increspato dalle sincopi del violino II e della viola II» [39] (Tav. X), nel Quintetto in La si trasforma in un incedere molto più drammatico e vibrante. Ciò non è dovuto tanto alla tessitura più acuta, che certamente contribuisce in modo determinante a far risaltare soprattutto il ruolo del violino primo, quanto alle modifiche che l'autore apporta sistematicamente ad ogni battuta. Lo stesso materiale tematico, in origine espresso attraverso un metro ternario, è invece calato in un contesto quaternario, con conseguente allungamento di valori (Tav. XI): le stesse note sono disposte nelle corrispondenti battute, ma il primo tempo della misura ternaria è dilatato sui due primi tempi della nuova misura.

Questa idea, a prima vista macchinosa, conferisce alla melodia un andamento ondeggiante che trova un efficace appoggio nella formula ritmica delle terzine che ampliano le originarie sincopi dell'accompagnamento [40]. In tutte le altre sezioni dell'Allegro Moderato talvolta ci si discosta da questi procedimenti e la reiterazione di figure ritmiche vivacizza il discorso strumentale. Sotto un altro punto di vista anche per questo primo tempo è difficile immaginare che il Quintetto in La maggiore non possa derivare da quello in Fa: ne sarebbe testimonianza la complessità della trama musicale che è il risultato di un lavoro tendente a 'dilatare' orizzontalmente una struttura melodico-ritmica preesistente, piuttosto che una filiazione di segno contrario basata su un procedimento semplificativo, dal Quintetto in La maggiore a quello in Fa.

Non si vuole qui assumere l'arduo compito di dare una valutazione di questo atto compositivo. La partitura ci testimonia probabilmente un lavoro ancora *in fieri*, a giudicare dalla grafia spesso frettolosa, dalle indicazioni dinamiche talvolta imprecise e dalle molteplici correzioni, pur non potendo escludere che essa possa rappresentare uno degli ultimi stadi di questo processo creativo così inconsueto. Dalla considerazione di questi dati si evince che il Quintetto in La maggiore è un'opera altamente problematica nella sua genesi e nel suo compimento. Le ragioni che hanno spinto Bottesini a intraprendere quest'opera di trasformazione non sono per il momento chiare, come non sappiamo se i due quintetti erano due composizioni ritenute indipendenti o se una di esse fosse considerata dall'autore più favorevolmente.

Fino a quando non si avrà un quadro completo della tradizione manoscritta del Quintetto in La non si potrà dare una risposta definitiva a questi interrogativi. In ragione delle osservazioni sopra prodotte e allo stato attuale delle conoscenze, si può plausibilmente credere che il Quintetto in La sia l'ultima composizione da camera di Bottesini, che il suo insolito processo compositivo sia il frutto più di un tentativo di radicale revisione che di un sbrigativo espediente di scrittura e che esso fosse già stato eseguito e apprezzato con entusiasmo.

3. I due argomenti prima esposti mostrano chiaramente l'attitudine di Bottesini a ritornare sulle proprie scelte creative. Le fonti manoscritte e a stampa considerate in precedenza testimoniano due atteggiamenti differenti nei confronti della propria musica; nel caso del Quintetto in mi minore l'intervento correttivo apporta soltanto delle modifiche limitate, quantunque importanti, ad un testo già interamente costituito e fissato nell'edizione a stampa, mentre nel caso del del Quintetto in Fa maggiore e del Quintetto in La maggiore ci troviamo di fronte al caso estremo di vero e proprio rifacimento di un lavoro in cui tutto il materiale è per metà riscritto in un modo più o meno innovativo. In entrambe le circostanze, però, le fasi del lavoro intermedio sono scarsamente documentabili in quanto non si conservano studi preparatori: non possiamo infatti sapere come l'autore sia arrivato alla stesura definitiva del Quintetto in mi minore e del Quintetto in Fa, ma soltanto ripercorrere le ultime correzioni in un caso e una radicale trasformazione successiva nell'altro.

Lo studio dell'unica fonte conosciuta del Quartetto in mi minore, autografa e redatta in partitura, fornisce in più l'allettante opportunità di ricostruire con buona approssimazione alcune fasi del processo compositivo di determinate sue parti e di chiarire, nei limiti del possibile, certi aspetti del modo di lavorare di Bottesini[41]. Il manoscritto è di grande formato - cinque sistemi per pagina - e porta sul frontespizio la data «Parigi 30 marzo 1869»[42]. Le numerose e talvolta fitte correzioni ci rimandano a quella che può essere considerata una copia di lavoro e costituiscono la viva testimonianza di una scrittura tormentata da continui ripensamenti. La ricerca della migliore disposizione dell'idea musicale porta inevitabilmente a sovrapporre più cancellature e in alcuni casi l'autore è obbligato a ricopiare l'ultima versione di un passaggio su pezzi di carta pentagrammata che sono poi incollati sulla pagina, ma che possono a loro volta essere ulteriormente modificati.

Due casi di questo tipo si verificano alle pagine 5 e 6 della partitura, in corrispondenza della parte centrale (Sviluppo) del primo tempo Allegro moderato. Due estesi frammenti, comprendenti rispettivamente tre e due collature di pentagrammi, sono stati applicati alla pagina mediante l'incollaggio dei soli quattro angoli. Questa si rivela una circostanza doppiamente fortunata, tale da permettere la lettura del precedente testo sottostante sulla partitura e ha svelato sorprendentemente che Bottesini non si è servito in questi frangenti di un qualunque pezzo di carta da musica, ma che ha riutilizzato la pagina bianca di alcune carte sulle quali aveva già annotato parecchie misure dello stesso quartetto. I due schemi seguenti ne chiariscono la disposizione e la corrispondenza con gli esempi musicali e le tavole.

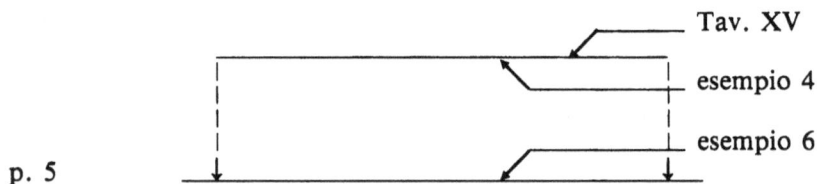

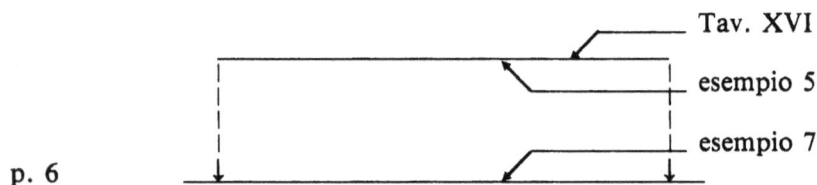

La musica che si legge sul retro del primo frammento (esempio 4) è redatta su un doppio pentagramma e corrisponde alle prime quaranta battute dell'Allegro Moderato iniziale, come è confermato dal confronto con la partitura vera e propria (Tav. XII e XIII)[43]. Che si tratti di una tipica scrittura per pianoforte non ci sono dubbi; essa però non può essere considerata una mera riduzione pianistica della partitura: a causa dell'evidente grado di incompletezza di alcune sue parti e dallo stato di abbozzo che si osserva in alcuni passaggi (cfr. soprattutto le battute 26-31 e la cancellatura alla battuta 20 bis), trattasi invece di uno studio preparatorio del movimento del Quartetto situabile anteriormente alla strumentazione per archi.

Con ben maggiore evidenza troviamo le stesse caratteristiche sul retro dell'altro frammento (esempio 5), che inizia dove quello si arrestava, costituendone così la sua prosecuzione. Rispetto alla stesura delle prime quaranta battute, caratterizzate da un dettato sostanzialmente identico a quello che si legge poi sulla partitura finale, ci troviamo qui di fronte ad una pagina occupata da schizzi molto frammentari distribuiti su quattro sistemi[44].

Essi attestano la faticosa ricerca di una linea melodica che continui la scala ascendente giunta al punto apicale di Si, proprio all'inizio di un importante episodio. I vari tentativi dimostrerebbero che Bottesini, dopo un avvio abbastanza sicuro, indugi intorno al secondo tema e che da subito intenda utilizzare ancora delle idee musicali proprie del tema principale: si confrontino, tra gli altri, la testa del primo tema, piegata alle funzioni di basso armonico, e l'elemento melodico discendente nell'esempio 5 (secondo gruppo di battute) con la Tav. XII (battute 1 e 4). Questo atteggiamento potrebbe confermare la ricerca di quella certa unitarietà tematica che l'autore vuole sempre conseguire all'interno della forma-sonata[45].

Dalla lettura di questi abbozzi preparatori si può ipotizzare che Bottesini usasse come strumento ausiliario per la sua attività compositiva il pianoforte, di cui, per altro, era anche un eccellente esecutore e che passasse alla stesura per gli strumenti ad arco soltanto quando riteneva che la sua idea avesse raggiunto una forma abbastanza compiuta. Provare però che la vicinanza fisica tra questi frammenti e la partitura significhi che i diversi stadi di questo lavoro non siano molto distanziati nel tempo, ma che, al contrario, si succedano in un arco temporale piuttosto contenuto è per il momento impossibile.

È semmai più interessante e istruttiva anche una breve analisi di quelle due parti del manoscritto che sono state ricoperte dalla carta e che corrispondono agli ultimi tre sistemi della pagina 5 e dai primi due della pagina 6 (esempi 6 e 7) e che riportano un unico esteso episodio dello Sviluppo. Esse riferiscono i miglioramenti apportati durante la stesura per gli archi e quindi in una fase del lavoro più avanzata rispetto ai casi precedenti. Ma anche a questo punto il senso critico di Bottesini ricerca incessantemente la migliore soluzione musicale. Numerose sono le cancellature che intervengono a livello di singole note per migliorare la disposizione di un accordo di accompagnamento o per ridistribuire i passaggi a parti diverse. Gli interventi più drastici avvengono alla pagina 5 dove a un certo punto l'auotre decide addirittura di sopprimere quattro battute e di mutare l'ordine di successione di due episodi sconvolgendo così i precedenti equilibri e dando un nuovo assetto alla pagina. L'eccessivo sovrapporsi delle correzioni ha determinato una riscrittura più chiara della versione definitiva (Tav. XIV, XV e XVI), che si arricchisce ulteriormente di particolari, come ad esempio l'uso più diffuso del trillo come elemento caratteristico di questo esteso episodio.

Dall'analisi delle fonti manoscritte di queste composizioni da camera esce fortemente rivalutata la figura di Bottesini come compositore. Il celebre giudizio sul musicista cremasco dato da Giuseppe Depanis, pur fondamentalmente azzeccato nel suo complesso ma inesatto quando gli imputa un'incapacità congenita a rifinire le sue opere, sarà alla luce di questi pochi esempi e di successivi studi, da rivedere totalmente [46].

NOTE

* Gli argomenti qui trattati derivano da un accenno ai problemi filologici che ho fatto nella Tavola Rotonda nel corso del mio intervento incentrato sul confronto tra la musica da camera di Bottesini e quella di Paganini. Il materiale esaminato per la stesura di queste pagine è conservato nella Biblioteca del Conservatorio di Parma, sez. Palatina, Fondo Bottesini. Non erano disponibili per la consultazione, e non sono stati quindi visionati, i seguenti manoscritti: B-I-3/38799-803 (parti staccate del Quintetto in mi minore); BB-I-5/40852 (partitura del Quintetto in La maggiore); B-I-3/38804-808 (parti staccate del Quintetto in La maggiore).

(1) *Giovanni Bottesini e la civiltà musicale cremasca. Atti del Convegno di studi, Crema 25 ottobre 1989*, a cura di Flavio Arpini e Elena Mariani, Crema, Centro Culturale S. Agostino, 1991 (Quaderni del Centro Culturale S. Agostino, 10); AA.VV., *Giovanni Bottesini, virtuoso del contrabbasso e compositore*, Milano, Nuove Edizioni, 1989; *Giovanni Bottesini 1821-1889*, a cura di Gaspare Nello Vetro, Parma, Centro studi e ricerche dell'Amministrazione dell'Università degli Studi di Parma, 1989.

(2) GIULIO ODERO, *I quartetti e i quintetti per archi*, in *Giovanni Bottesini 1821-1889* cit., pp. 101-116. Gli altri studi specifici dedicati all'argomento sono ALBERTO CANTÙ, *La musica da camera*, in *Giovanni Bottesini 1821-1889* cit., pp. 97-99 e SERGIO MARTINOTTI, *Bottesini e la «misura» del Quartetto*, in AA.VV., *Giovanni Bottesini, virtuoso* cit., pp. 95-102. Cfr. anche GIOVANNI CARLI BALLOLA, *Civiltà strumentale dell'Ottocento italiano*, «Chigiana» XXVI -XXVII (1969-70), N.S. 6-7, pp. 593-597 e GUIDO SALVETTI, *I Quartetti di Beethoven nella «rinascita strumentale italiana» dell'Ottocento*, «Analecta Musicologica», XXII (1984), pp. 479-495.

(3) Sono disponibili due cataloghi delle musiche di Bottesini: LUIGI INZAGHI, *Catalogo delle musiche*, in AA.VV., *Giovanni Bottesini, virtuoso* cit., pp. 167-186 e GASPARE NELLO VETRO, *Elenco delle composizioni e delle edizioni*, in *Giovanni Bottesini 1821-1889* cit., pp. 165-184. Redatti con criteri diversi e non scevri da imprecisioni, sono talvolta in contraddizione tra loro. Sarebbe auspicabile la stesura di un vero e proprio catalogo tematico che descrivesse tutte le fonti manoscritte e a stampa con criteri di maggiore scientificità.

(4) GIULIO ODERO, *op. cit.*, p. 113.

(5) *L'avventura del violino*, Roma, ERI, 1978.

(6) Cfr. anche ENRICO FAZIO, *Bottesini, i salotti privati e le società cameristiche e orchestrali italiane nel secondo '800*, «Nuova Rivista Musicale Italiana», XIX (1985), n. 4, p. 615.

(7) La data del Gran Quintetto in do minore, come è noto, è vergata sull'autografo conservato nella Biblioteca del Conservatorio di Napoli. Tanto il catalogo di Inzaghi (*op. cit.*, p. 179) quanto quello di Vetro (*op. cit.*, p. 169) non citano il «Quintetto in Re, 2V, Va, Vc e Contrabbasso» - molto probabilmente una versione trasposta un tono sopra di cui non si conoscono esemplari - segnalata in FRANTIŠEK PÁDZIREK, *Universal-Handbuck der Musikliteratur*, Vienna, 1904-1910, rist. F. Knuf, Hilversum, 1962, vol. II, p. 435.

(8) Del manoscritto napoletano segnalato da Inzaghi (*op. cit.*, p. 179) non ho conoscenza diretta. Per le altre copie manoscritte, cfr. nota iniziale (*).

(9) Come si evince dall'annuncio sulla «Gazzetta Musicale di Milano», 30 giugno 1861, p. 104 cit. in ANGELO POMPILIO, *La collezione Scalvini dell'Istituto nazionale di studi verdiani. I: Catalogo degli spartiti per canto e pianoforte delle opere liriche complete con un saggio sui criteri di datazione delle edizioni Ricordi*, «Studi Verdiani», VII (1991), p. 155.

(10) *Catalogo delle opere pubblicate dallo stabilimento musicale dei fratelli Pietro e Lorenzo Clausetti in Napoli*, 1860. Copia fotostatica depositata presso la Biblioteca del Conservatorio di Milano. Ringrazio la dr. Agostina Zecca Laterza per aver discusso con me alcuni punti riguardanti i due editori.

(11) Ne dà notizie il «Giornale della Società del Quartetto di Milano», 30 settembre 1864, p. 63, citando una circolare in cui Tito Ricordi dichiara di rilevare tutto il catalogo dei fratelli Clausetti della ditta Ricordi e Clausetti.

(12) Cfr. GASPARE NELLO VETRO, *Cronologia* cit., pp. 10-11.

(13) La generica indicazione di un quintetto riferita dal Vetro (*loc. cit.*), parlando di una esecuzione avvenuta agli inizi del 1863 presso la Società del Quartetto di Napoli, può ora essere precisata e costituire un decisivo elemento di datazione: nel dare notizia di quel concerto (19 marzo 1863), la «Gazzetta Musicale di Napoli» descrive, infatti, proprio il Quintetto in mi minore fornendone anche una dettagliata descrizione. Ringrazio Rosa Cafiero per la preziosa segnalazione e rimando al suo stesso contributo per ulteriori particolari.

(14) Il timbro a secco («Ricordi / 9 / 1883») che compare sui due esemplari conservati nella Biblioteca del Conservatorio di Parma (BB-I-5/40051 e BC-IV-58/40494) è stato molto probabilmente apposto durante un inventario o un controllo ed è pertanto poco significativo come elemento per la datazione.

(15) AGOSTINA ZECCA LATERZA, *Il Catalogo numerico Ricordi 1857 con date e indici*, Roma, Nuovo Istituto Editoriale Italiano, 1984.

(16) Angelo Pompilio (*op. cit.*, p. 156) ha stabilito lo stesso anno per un'edizione con i n. 39016-39036.

(17) Tra i casi reperiti, si veda, per esempio nel solo primo movimento (Moderato), il pezzo di pentagramma del violoncello secondo che scavalca verso sinistra il segno della collatura proprio all'inizio della composizione nel violoncello primo alla battuta 111; per i veri e propri errori si veda la chiave di basso alla battuta 78 (1ᵃ volta) assegnata alla viola in luogo della chiave di contralto e quella di basso al violoncello primo alla battuta 74, la mancanza del punto di valore nella parte di violino primo alla battuta 104 oppure la chiave di tenore posizionata erroneamente sul quarto spazio nella battuta 88 (violoncello primo).

(18) Segnatura: CB-II-7/61350. In prossimità del margine superiore della prima pagina di copertina si legge la scritta a penna «Lascito Bottesini 61350» seguita dalla segnatura a matita «CB-II-7».

(19) Più precisamente nell'angolo superiore destro. La scritta, ovviamente di mano diversa da quella citata alla nota precedente, è molto probabilmente autografa.

(20) È da notare come all'elemento portante del basso corrisponda nella nuova versione un movimento cromatico per moto contrario nel violino secondo che determina un inatteso accordo di sesta eccedente (ultimo quarto della nuova battuta 79), mentre in precedenza l'interesse melodico delle parti interne e armonico in generale era in questo punto piuttosto scontato.

(21) Vale la pena ricordare che la stessa scelta di forma sortisce effetti analoghi nel primo tempo del Quartetto in Re maggiore, il cui materiale tematico presenta molte similitudini con quello del Quintetto in mi minore.

(22) SERGIO MARTINOTTI, *op. cit.*, p. 101.

(23) Esso sarà trattato contrappuntisticamente (anche mediante inversione) nell'episodio fugato al centro dello Sviluppo (bb. 93-101).

(24) Nell'apportare delle modifiche, non credo che Bottesini intendesse semplificare la sua scrittura per favorire questo o quel dilettante, anzi, la sua musica da camera per archi, anche se brillante e talvolta virtuosisticamente, trovava certamente degli ottimi esecutori nei valenti strumentisti che si esibivano nelle società quartettistiche dell'epoca.

(25) Segnatura: CB-II-6/25751-756 (partitura e parti).

(26) Segnatura: Ψ-II-7/6539. Sulla seconda pagina di copertina compare nell'angolo in basso a destra il timbro ad inchiostro «Pasini/Parma/Legatore». La legatura sembra risalire ad una comune tipologia tardo ottocentesca.

(27) GIULIO ODERO, *op. cit.*, p. 115. Si pronunciano a favore dell'autografo sia il Vetro (*op. cit.*, p. 170) che Inzaghi (*op. cit.*, p. 179). La dr. Naide Barsottini, che ha compilato un catalogo del Fondo Bottesini ad uso interno della Biblioteca, ci conferma la mano di Bottesini.

(28) «[...] Il Bottesini ha dato in questo componimento novella prova di possedere una fervida e robusta fantasia ed una scienza profonda e severa. Le idee melodiche del lavoro, italianamente appassionate, sono rivestite di armonie peregrine e condotte magistralmente secondo le leggi dei sommi quartettisti tedeschi, onde una fusione felicissima dei due stili. Al primo *tempo* del *Quintetto*, di colore grave, fa seguito uno *scherzo* brioso e un *adagio* elaborato. Ma dove l'autore si eleva ad altissimo ideale, è nell'ultimo *tempo*. In questo il motivo principale, dopo un sapiente sviluppo, dà luogo ad un corale, intorno a cui s'aggirano altre parti unendosi alla fine in un'esplosione di sonorità meravigliosa.» («Gazzetta Musicale di Milano», 17 marzo 1889, p. 117). La notizia è associata al Quintetto in Fa sia da Inzaghi (*Catalogo delle musiche* cit., p. 179) sia da Fazio (*op. cit.*, p. 619), quest'ultimo citando erroneamente la data di composizione come 1883 e nominandolo come Quartetto.

(29) «Noi, che primi in Italia abbiamo potuto apprezzare questo interessante lavoro, ne dobbiamo essere grati all'autore e a chi gli porse occasione di farlo eseguire [...]» («Gazzetta Musicale di Milano», 17 marzo 1889, p. 117).

(30) «Gazzetta Musicale di Milano», 30 giugno 1889, p. 419-420. Citata anche da Gaspare Nello Vetro (*Cronologia* cit., p. 23) che però confonde i due annunci, anticipando così al concerto di marzo il programma di quelli di giugno, nei quali, accanto a pagine cameristiche di Beethoven, Mendelssohn, Raff, Bazzini, fu eseguito di Bottesini, oltre il già citato Quintetto, un adattamento della Serenata ed allegro gioioso op. 43 di Mendelssohn che prevedeva la strumentazione dell'accompagnamento per un gruppo d'archi.

(31) Citato in ENRICO FAZIO, *op. cit.*, p. 620, n. 39.

(32) Così si evincerebbe, non senza fatica, dal discorso avaro di precisazioni di Fazio (*loc. cit.*).

(33) Segn.: BB-I-5/40852. Attendo di poter esaminare questa fonte anche per reperire ulteriori informazioni su questo scambio di musiche tra i due personaggi.

(34) LUIGI INZAGHI, *loc. cit.*, e SERGIO MARTINOTTI, *op. cit.*, p. 101.

(35) GASPARE NELLO VETRO, *op. cit.*, p. 23 e GIULIO ODERO, *op. cit.*, pp. 114-116. È da notare che il Vetro parla ambiguamente di terzo Quintetto, prima riferendosi alla data di composizione del febbraio 1888 a Napoli (non è il Quintetto in Fa?) e poi accennando alla tonalità di La maggiore in relazione al concerto del marzo 1889 (cfr. però la nota 30). Bisogna intendere la prima volta con numero ordinale, la seconda come approssimativa citazione di titolo. Nell'articolo di Fazio, infine, (*op. cit.*) non si prende in considerazione questo problema.

(36) Nella riga sottostante alla denominazione dei vari movimenti sono riportate le tonalità (tutte maggiori ad eccezione dello Scherzo del Quintetto in Fa), le indicazioni di metro e il numero delle battute.

(37) Nel Moderato e nello Scherzo le correzioni sono prodotte con interventi diretti a penna o con l'apposizione di minuscoli frammenti di carta e nei casi di modifiche più estese. Particolare cura si osserva nella ridefinizione dei tremoli a note alterne: nel Moderato (battuta 87), all'originario attacco sulla nota reale, è sostituito quello dalla nota superiore, mentre nello Scherzo si verifica la situazione inversa (battute 81-88). Sempre in questo movimento Bottesini rinuncia a raddoppiare il violino all'ottava inferiore da parte della viola seconda (battute 57-64) per un più modesto e parziale raddoppio del violino secondo. La soppressione tra le battute 136-137, infine, di due battute di pause che precedevano, accentuandola con molta efficacia, l'anticipazione della vera ripresa del tema (ritardata alla battuta 163, lettera D) è stata decisa in un secondo momento, almeno successivamente all'indicazione del totale delle battute in fondo allo Scherzo, dove quelle misure sono invece conteggiate. Proporzionalmente inferiori sono le correzioni nel Finale.

(38) Si faceva allusione allo stile del corale già nella probabile descrizione del Quintetto in Fa maggiore nella «Gazzetta Musicale di Milano» del 17 marzo 1889 (cfr. nota 28). Martinotti, a proposito del Finale del Quintetto in La maggiore, parla di «cadenze fin bizzarre di un qualche inno nazionale, forse inteso come umoristica citazione durante le tournées estere», (*op. cit.*, p. 101).

(39) GIULIO ODERO, *op. cit.*, p. 114.

(40) Analogamente ai due Finali, anche in questo caso Bottesini dà una sfumatura agogica che invita ad accelerare il tempo in relazione al metro adottato: prima il Moderato per i 3/4, poi l'Allegro Moderato per il tempo quaternario C.

(41) Segn.: Ψ-1-3/25758. Sul margine destro del frontespizio, quasi come un segno tangibile della vita quotidiana, si reperiscono dei semplici calcoli aritmetici: il risultato, errato, di una prima moltiplicazione è poi sommato ad un altro numero. Non si sa che cosa rappresentino, ma tenderei ad escludere un diretto rapporto con la musica del Quartetto. La scritta che compare sull'ultima pagina dell'Allegro moderato iniziale («Tour d'Auvergne 44. Mr. Cohen») è da Inzaghi correlata con la «Principessa De La Tour d'Auvergne

di Firenze che nel 1862 compare tra i soci protettori della Società del Quartetto» (*op. cit.*, p. 170). Pur non possedendo elementi che smentiscano l'ipotesi, la scritta in questione sembrerebbe richiamare un qualche indirizzo. Non essendo questa la sede deputata per fornire analisi dettagliate, si è scelto comunque di pubblicare qui per la prima volta, anteriormente alla pubblicazione dell'intero quartetto, tutti i materiali in questione per la singolarità e il grande interesse che essi rivestono.

(42) Alcune obiezioni sono da sollevarsi nei riguardi della descrizione offerta da Odero (*op. cit.*, p. 109). Non ci sono prove per situare l'inizio della composizione del Quartetto in mi minore a Barcellona, né, tanto meno, per affermare che il dedicatario sia Paolo Rotondo. L'impressione è che i dati siano stati confusi con quelli del Quartetto in Mi bemolle maggiore (segn.: Ψ-1-3/25714-25718), dove effettivamente si legge «Barcelona 1864» e «A mon ami Paul Rotondo./Paris 28 Août 1864». In ultima istanza sembra poco probabile che una partitura così problematica possa costituire l'oggetto di una dedica al suo amico esecutore, soprattutto se confrontata con la più curata scrittura del Quartetto in Mi bemolle.

(43) Nella numerazione di battute degli esempi musicali e delle tavole che seguono si tralasciano dal conteggio le misure che sul manoscritto risultano cancellate. Esse sono richiamate con il numero precedente seguito da 'bis, ter,' ecc. L'uso sporadico di parentesi quadre negli esempi musicali indica un punto illeggibile.

(44) Per motivi di spazio non è stato possibile riprodurre la disposizione originaria. Gli spazi bianchi che si vedono nella trascrizione alla fine dei sistemi corrispondono a quelli dell'originale.

(45) Su questa particolarità formale, che, almeno nella musica da camera, costituisce una cifra distintiva già del giovane Bottesini, cfr. le osservazioni a proposito del Quartetto n. 1 in si minore in Licia Sirch, *La giovinezza e gli studi*, in *Giovanni Bottesini, 1821-1889*, cit., p. 35.

(46) Giuseppe Depanis, *I Concerti popolari ed il Teatro Regio di Torino*, II, 1879-1886, Torino, Società Tipografico-Editrice Nazionale, 1915, p. 18: «Fattosi compositore, il concertista non ha né tempo né voglia di adoperare la lima; sfavilla, raccoglie applausi e passa oltre».

Tav. IV Quintetto in mi min., I tempo, Moderato, p.8 (Ricordi e Clausetti, 39103)

Tav. V Quintetto in mi min., I tempo, Moderato, p.8, particolare (Ricordi e Clausetti, 4668)

Tav. VI Quintetto in mi min., I tempo, Moderato, p. 15-16 [1ª coll.], (Ricordi e Clausetti, 39103)

Tav. VII Quintetto in mi min., I tempo, Moderato, p. 15-16 [1ª coll.], (Ricordi e Clausetti, 4668)

Tav. VIII Quintetto in Fa magg., III tempo, Adagio, bb.10-15

Tav. IX Quintetto in La magg., III tempo, Andante, bb.11-19

Tav. X Quintetto in Fa magg., I tempo, Moderato, bb.1-8

Tav. XI Quintetto in La magg., I tempo, Allegro Moderato, bb.1-8

Tav. XII Quartetto in mi min., I tempo, Allegro Moderato, p. 3, bb.1-34

Tav. XIII Quartetto in mi min., I tempo, Allegro Moderato, p. 4, bb.35- 64

Tav. XIV Quartetto in mi min., I tempo, Allegro Moderato, p. 5, bb.65-96

Tav. XV Quartetto in mi min., I tempo, Allegro Moderato, p. 5 sup.

Tav. XVI Quartetto in mi min., I tempo, Allegro Moderato, p. 6 sup.

Esempio 1: Quintetto in mi min., I tempo, Moderato, p. 1, vl.1, b.7

Esempio 2: Quintetto in Fa magg., IV tempo, Allegro non tanto, bb.1-13

Esempio 3: Quintetto in La magg., IV tempo, Allegro vivace, bb.1-25

Esempio 4: Quartetto in mi minore, studio preparatorio per pianoforte

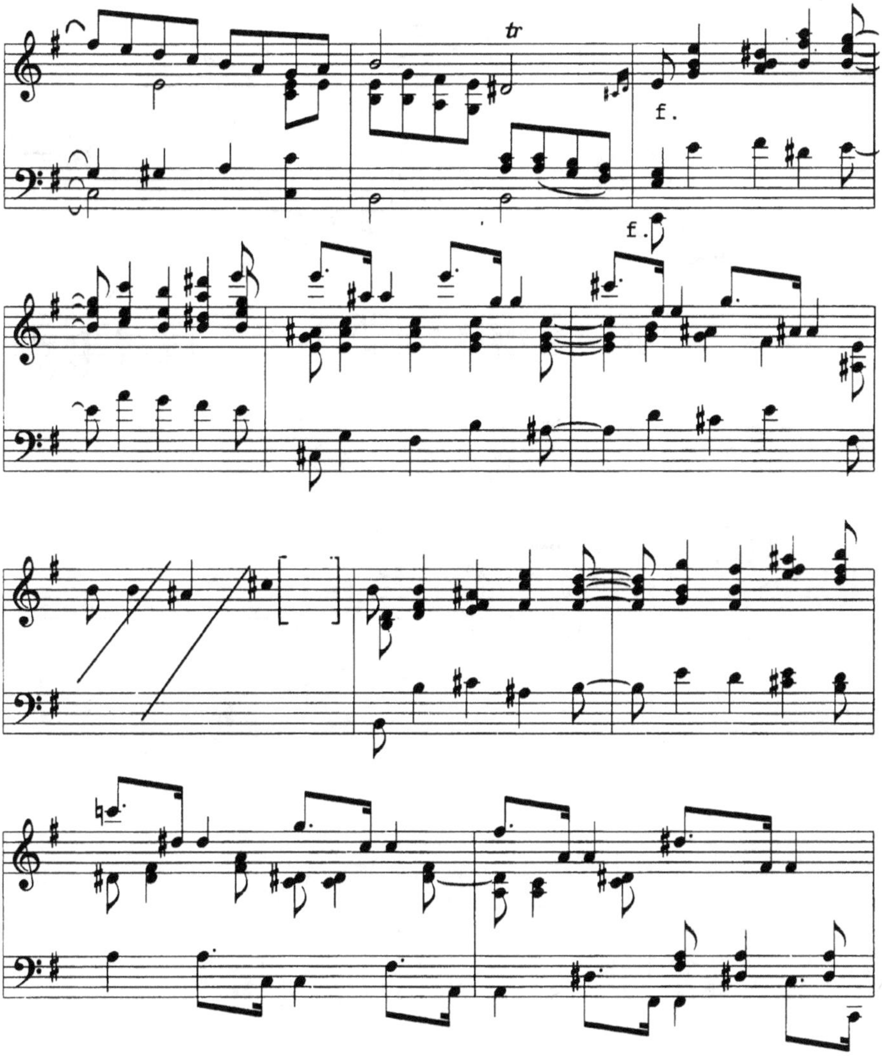
tr
f.
f.

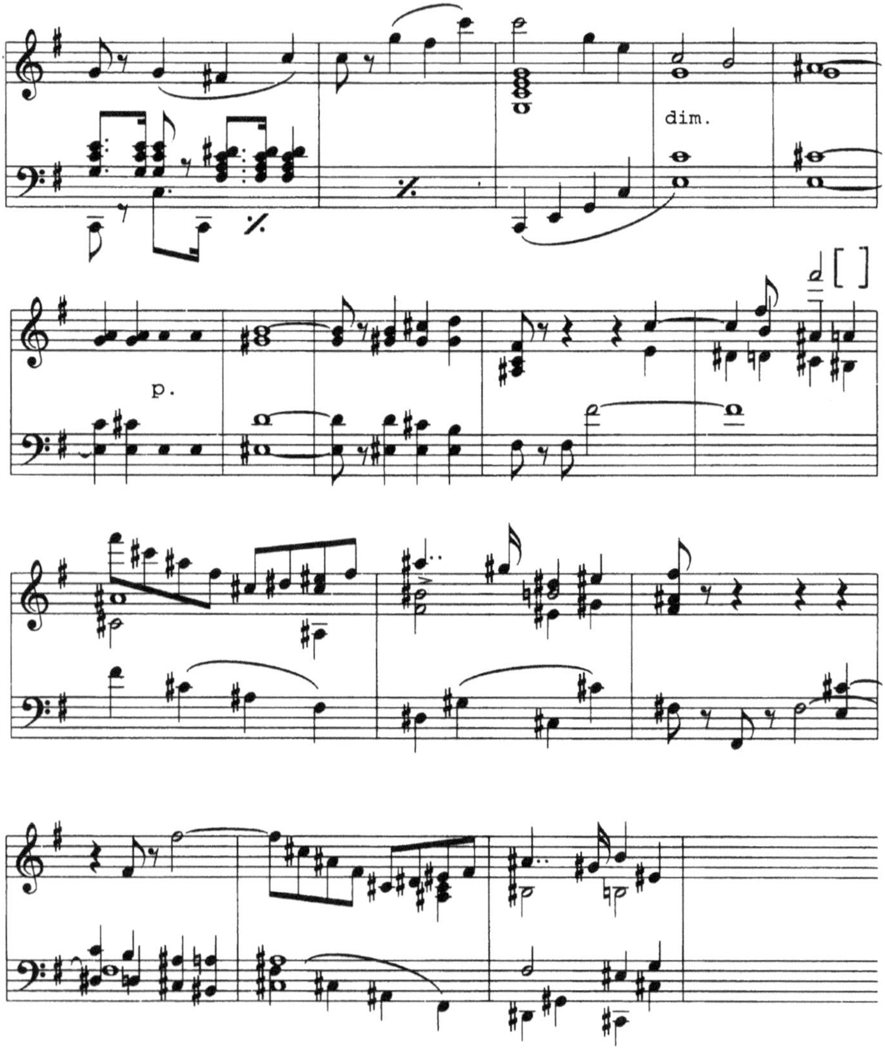
dim.
p.

Esempio 5: Quartetto in mi minore, studio preparatorio per pianoforte

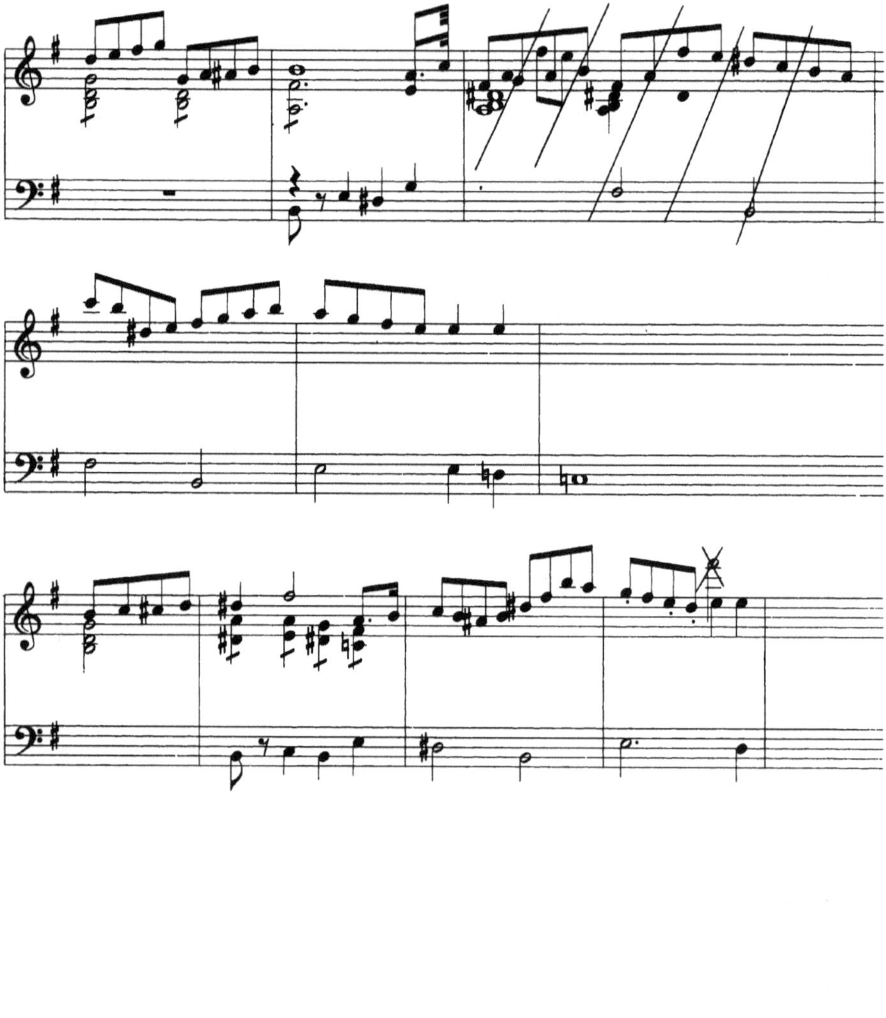

Esempio 6: Quartetto in mi minore, I tempo, Allegro Moderato, p. 5 inf.

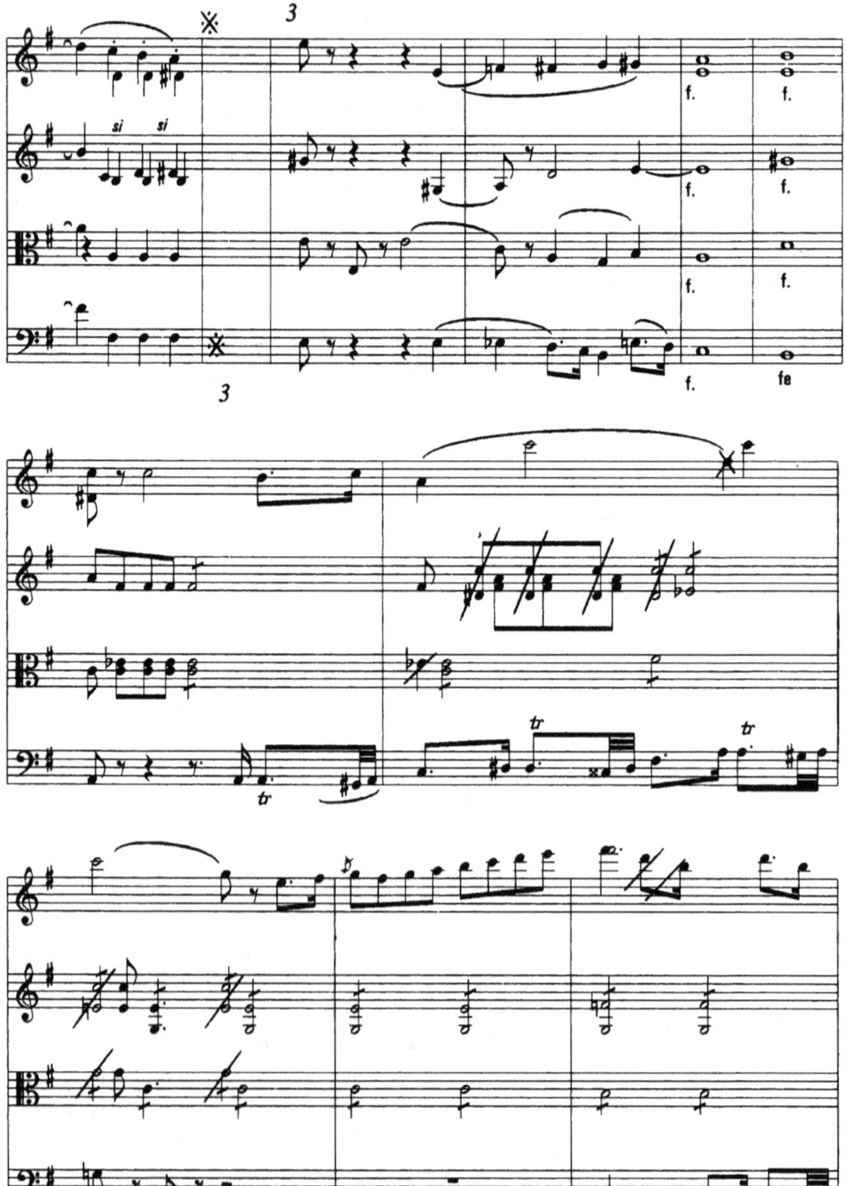
3
si
si
f.
f.
f.
f.
f.
f.
f.
fe
3
tr
tr
tr
tr

Esempio 7: Quartetto in mi minore, I tempo, Allegro Moderato, p. 6 inf.

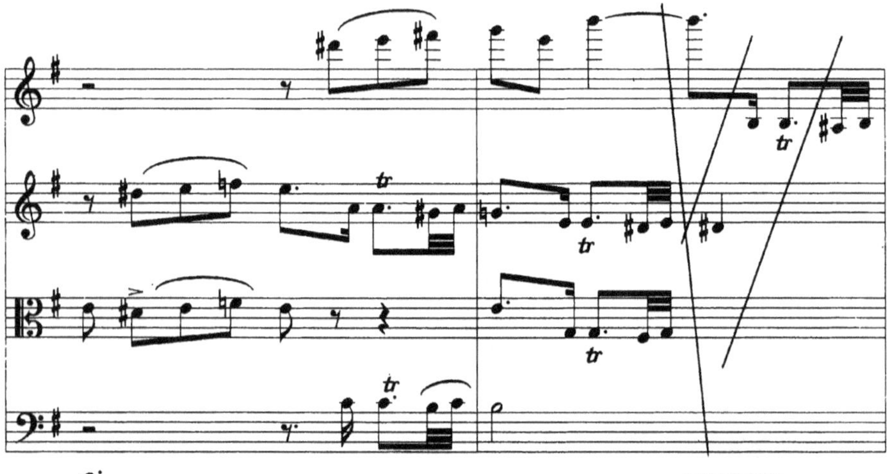

ROSA CAFIERO

GIOVANNI BOTTESINI E NAPOLI: UN PROBLEMA DI «SCUOLA»

La presenza di Bottesini a Napoli (dal 1858 al 1886)[1] e la sua adesione alle iniziative musicali fiorite nella città (in particolare nella felice stagione in cui venne fondata la Società del Quartetto, della quale ci occuperemo) permettono di mettere a fuoco due aspetti contrastanti — eppure altrettanto significativi e determinanti —- della realtà musicale partenopea: da un lato l'attaccamento quasi fiero alla tradizione (una sorta di filisteo attardarsi su posizioni codificate, soprattutto in seno alle istituzioni ufficiali, fra le quali il Collegio di Musica, la cui direzione era affidata a Mercadante), dall'altro la spinta verso il nuovo, incarnato dal moltiplicarsi delle iniziative 'dell'avvenire' fiorite a Napoli — talvolta con vita brevissima — dai primi anni '60 dell'Ottocento in avanti (congresso dei musicisti, fondazione della Società del Quartetto, fondazione di società corali, adesione alla Società Filarmonica e al Circolo Cesi, impulso dato alla musica strumentale — soprattutto d'oltralpe).

Bottesini virtuoso pirotecnico, brillante direttore d'orchestra, fertile compositore e divulgatore del genere cameristico si afferma a Napoli, com'è noto, nel 1858, anno in cui tiene un'«accademia» al Collegio di Musica alla presenza del direttore Mercadante (alla morte del quale, fra i nomi dei possibili successori, verrà fatto anche quello di Bottesini), dedicatario, fra l'altro, del Quintetto n. 1 in do minore. La «Gazzetta Musicale di Napoli» fornisce una testimonianza eloquente, che citiamo integralmente, dell'entusiasmo con cui Bottesini viene accolto negli ambienti napoletani sin dalla sua prima esibizione pubblica (14 aprile, Sala di Monteoliveto) attraverso le parole di Ferdinando Taglioni:

Un avvenimento musicale straordinario segnava con indelebile impronta la settimana corrente. Il portentoso *Bottesini*, il principe de' Contrabassisti dava, jeri 14, un'accademia nella gran Sala di Monteoliveto e non è a dire se questa fosse rigurgitante di numerosi uditori, e se costoro accogliessero con vive manifestazioni di compiacimento di ammirazione di entusiasmo l'egregio artista *Bottesini*, non aveva d'uopo che di se stesso per dare la sua accademia e difatti egli non si avvalse di molti ausiliari.

Due *Sinfonie*, tre *romanze* ed un *terzetto*, cantati dalla Signora *Natali*, dal Sig. *Fraschini* e dal Sig. *Quercia* eran la cornice (comunque splendida) in mezzo alla quale brillò il gran contrabassista, il cui nome ed il cui ingegno bastavano a riempire la sala.

Dopo gl'immensi successi ottenuti in America, in Francia, in Inghilterra, il *domatore* del contrabasso doveva necessariamente pensare che nuovi e non meno onorevoli allori lo attendessero in Napoli, e crediamo che l'accademia ieri non abbia fatta venir meno la sua speranza. In questa brillantissima adunanza, ove convenivan tutte le nostre notabilità artistiche, ed ove i più caldi e sinceri applausi accolsero il grande artista, egli fece udire una *Fantasia* sulla *Sonnambula*, un *Capriccio* di concerto, ed il *Carnevale di Venezia*.

A chiunque abbia udito questo eminente artista deve sembrare pressoché impossibile che egli abbia potuto piegare a tutte le raffinatezze dell'arte a tutti gli sforzi e difficoltà cui potrebbe prestarsi un violino, quello strumento che siam riusciti a sentir brontolare in orchestra con suoni lenti e gravi.

E a dir vero, nella meravigliosa esecuzione del *Bottesini*, ciò che di più meraviglioso è a notarsi si è il *suono* ch'ei trae dal suo strumento. *Bottesini* non si limita a modificarlo dal grave all'acuto, dal forte al debole, ma facendogli percorrere tutte le gradazioni del prisma sonoro, egli sa renderlo gaio o passionato, brillante o cupo, semplice o misterioso.

Lo strumento di *Bottesini* si trasforma si anima si poetizza sotto la sua mano come il marmo sotto lo scalpello di Canova, ed il valoroso artista sembra comunicare al prediletto suo istrumento quella scintilla di genio che lo agita e lo ispira, e che serpeggiando nell'uditorio, lo commuove lo trasporta lo entusiasma.

Il successo del *Bottesini* è stato brillantissimo non solo ma legittimo, e se in coloro, cui non fu dato intervenire all'accademia è vivo il desiderio di sentirlo, in coloro che già lo ammirarono ieri, il riudirlo è divenuta una prepotente necessità.

Egli è superfluo il dire della accennata esecuzione delle *Sinfonie* e de' pezzi *vocali* poiché ove un *Pinto* trovasi a capo de' professori di orchestra, ed un *Pasquale Mugnone* siede al pianoforte si è certi che non v'ha cosa a desiderare. Due circostanze però ci colpirono e commossero vivamente in questa solennità musicale; l'una fu di vedere il nostro valente contrabbassista *Antonio Mugnone*, con rara modestia, e con isquisita delicatezza di tratto, portare nella sala lo strumento del *Bottesini* e porgerglielo riverentemente; l'altra fu il prolungato, unanime, vivissimo applauso che il pubblico rivolse allo illustre Cav. *Mercadante* dopo la Sinfonia della *Schiava Saracena*.

L'omaggio del *Mugnone* al *Bottesini*, e del pubblico al nostro *Mercadante*, onora del pari e chi lo ricevette e chi lo rendette. [...] [2].

Il tono encomiastico che caratterizza la presentazione di Bottesini stride quasi con la descrizione dell'episodio — certamente un po' caricato — del contrabbasista Antonio Mugnone che porge lo strumento al virtuoso in atto di omaggio; qualche parola su Mugnone e sui tentativi da lui fatti qualche anno prima dell'episodio appena descritto perché l'insegnamento del contrabbasso in seno al Collegio napoletano ottenesse un certo riconoscimento gioverà a chiarire il ruolo significativo di cotanto 'tributo' a Bottesini.

Nel 1852 Antonio Mugnone[3] aveva proposto l'istituzione di una scuola di «contrabasso» autonoma da quella di violoncello (alla quale per tradizione l'insegnamento del contrabbasso era legato) nel Collegio; il governo del Collegio, nella persona del Principe di Monteroduni, aveva tuttavia dato parere negativo al Ministro degli Affari Ecclesiastici e dell'Istruzione Pubblica, confortato dall'autorevole parere del direttore Mercadante. La relazione del Monteroduni, della quale riproduciamo una parte, riflette un punto di vista conservatore e reazionario — caratteristico del misoneismo di Mercadante — che ben poco spazio sembrerebbe lasciare all'introduzione in veste autonoma dell'insegnamento dello strumento, la cui autonomia e le cui risorse timbriche verranno così egregiamente messe in risalto dalle esecuzioni di Bottesini solo pochi anni più tardi (alla luce di questa testimonianza suona ancora più singolare il plauso che Mercadante rivolgerà alle esecuzioni del musicista cremasco); questo il testo della risposta alla richiesta di Mugnone:

Fin dalla prima fondazione delle Scuole di Musica in questa Capitale l'Istruzione pel suono di Controbasso è stata affidata ad un Maestro di Violoncello. Dove Lei, Sig.ʳ Direttore [del R. Ministero degli Affari Ecclesiastici e dell'Istruzione Pubblica], ritenesse che se questo sistema fossesi creduto erroneo non sarebbesi al certo fatto a meno di proporsi un emendamento come si è praticato in tanti altri riscontri. Poiché questo Istrumento che rende grandissimo servigio alle orchestre, non è destinato a comporre l'armonia (al che mal prestasi ad onta dell'introdotta mutazione nell'aggiungervi la quarta corda, che se mostra un adattarsi a produrre l'armonia, non molto a questa corrisponde scemando l'effetto nella sua primitiva destinazione), ma sibbene a dar risalto all'armonia, qualora colui che s'insegna a suonarlo anche che tra le mani avesse un controbasso, come potrebbe con un istrumento destinato ad accompagnare imparare ad altri l'arte di accompagnare? Questa considerazione fa risolvere ad affidarne la istruzione ad un suonatore di Violoncello istrumento dolce ed armonioso, che suonato dal Maestro, dà allo stesso agio di osservare in qual modo venga accompagnato dall'Alunno; che questo sistema poi non sia erroneo lo mostra il veder Napoli provveduto dei migliori suonatori di Controbasso tutti allievi di questa Scuola, tra i quali distinguonsi il Marra e de Leonardis conosciuti forse più nell'estero che presso noi, oltre altri molti tra quali lo stesso Mugnone, che alla classe dei valenti artisti devono annoverarsi. [...][4].

Il mito della «scuola», invocata come migliore esempio possibile, conferma la consuetudine (antica e radicata!) all'autoesaltazione e la quasi totale refrattarietà ai venti di novità nell'ambiente accademico. Quanto agli effetti delle esecuzioni di Bottesini sull'insegnamento dello strumento in seno al Collegio di Musica, oltre agli entusiasmi dei giovani allievi («che l'accoglievano co' più vivi trasporti d'entusiasmo» [5]) non è stato possibile verificare se il *Metodo per contrabbasso* [6] sia mai stato utilizzato in seno all'istituzione napoletana.

La firma di Ferdinando Taglioni, che descrive anche l'esecuzione di Bottesini del 21 aprile al Collegio di Musica, prelude a quello che sarà uno degli scambi più proficui fra Bottesini e i musicisti napoletani con cui verrà a contatto negli anni del soggiorno partenopeo. Sull'onda della «fioritura di progetti» [7] che investì l'ambiente musicale napoletano postunitario fu istituita l'Accademia di Musica Periodica [8], nella quale Bottesini rivestiva l'incarico di presidente del consiglio di direzione, coadiuvato da Giovanni Moretti, Pasquale Mugnone (pianista, omonimo del già citato contrabbassista), Nicola De Giosa, Aniello Barbati, Vincenzo Battista, Achille Pistilli. Fra gli scopi dell'Accademia gran parte aveva la divulgazione della cultura musicale; a tal fine l'Accademia voleva essere una sorta di «Istituto promotore e sostenitore» della musica in una città che, pur affondando le proprie radici in una tradizione musicale particolarmente ricca («prima città d'Italia, e per antonomasia la città della musica»), non soltanto non aveva istituzioni «filarmoniche» in numero proporzionato alla popolazione, ma addirittura «di tali istituti rimane[va] totalmente priva» [9]. Il bollettino-petizione, rivolto «ai signori componenti il Municipio della Città di Napoli», della cui collaborazione i firmatari (fra i quali è anche Bottesini) intendono avvalersi, così prosegue:

Per ripagare prontamente a tale assurdo e dare occupazione a tanti artisti lasciati nell'avvilimento e nell'inerzia, i sottoscritti riuniscono di concerto i loro sforzi per fondare un'Accademia di Musica intesa a rialzare dal suo attuale decadimento l'arte, mediante l'esercizio d'una *Filarmonica*, di un grande *Istituto musicale* e di una *Direzione Teatrale*: più istituendo in Napoli e nelle provincie delle *Scuole e concerti popolari*, che tanto valgono a torre le masse alle bettole, alle risse, e al delitto.

Per riuscire in tale scopo essi invocano il favore del Municipio, il cui patriottismo finoggi non venne mai meno all'aspettativa, e chiedono che l'illustre Consiglio, caldeggiando l'opera progettata, e già costituita nel suo organamento artistico ed amministrativo, specialmente col fornirle un analogo locale, voglia per tal modo rendere eseguibile il loro divisamento, disgravandolo dal peso il più oneroso, mentre senz'alcun dubbio l'attuazione di tal progetto non poco lustro e decoro varrà ad aggiungere alla città nostra [10].

Gli scopi dell'Accademia di Musica Periodica sono quelli in parte già esposti appena due anni prima da Ferdinando Taglioni nel suo *Progetto di riforme musicali didattiche, chiesastiche, teatrali*, che si prefiggeva l'istituzione di un gran numero di scuole popolari e di istituzioni musicali che potessero ripristinare i 'fasti' musicali del «paese della musica» [11], miseramente degradati dopo i «primi venticinque anni» del secolo; le accuse si fanno più dirette chiamando in causa Mercadante, massima autorità in campo didattico, responsabile di essersi 'trincerato' «nel campo pedagogico» (luogo comune costante che mette in luce lo scollamento fra l'insegnamento della musica nelle sedi istituzionali ad esso deputate e la pratica musicale):

Man mano i grandi artisti scomparvero, o sono al tramonto della vita. — *Rossini*, da lungo tempo, impose silenzio al proprio genio; *Bellini* e *Donizetti* furono mietuti sul fior degli anni; la stella *Paciniana* si mostra di tratto in tratto fra le nebbie dell'orizzonte musicale; *Mercadante*, che fiorì con quelli, e *Verdi*, che accennava a seguirli rapidamente, si tacciono: l'uno si trincerò nel campo pedagogico, l'altro vive una vita che se è utile alla patria, non può esserlo che mezzanamente all'arte. — Chi resta dunque oggi in Italia a rivendicarle il primato nella musica? [12].

Bottesini, dunque, compare a vario titolo nelle iniziative napoletane, dall'organizzazione dei concerti popolari [13] dell'estate '62 all'indefessa promozione delle composizioni eseguite nelle 'tornate' della Società del Quartetto [14], nelle quali grande spazio veniva offerto alle composizioni cameristiche del contrabbassista cremasco.

Proprio attraverso le testimonianze della «Gazzetta Musicale di Napoli», che informa dettagliatamente sui programmi dei concerti della Società del Quartetto, è possibile aggiungere nuovi elementi alla cronologia delle composizioni di Bottesini: un articolo relativo alla *7.ª Mattinata* (19 marzo 1863) ci informa sull'esecuzione del *Secondo Quintetto* [15] in mi minore:

Sarebbe una inutile ripetizione il notare anche oggi del *Beethoven* e del *Mozart* l'elevatissimo merito musicale, e la famigerata bellezza delle loro composizioni. Il loro nome è troppo superiore a qualunque elogio, perché se ne dovesse qui fare il solito encomio e panegirico.

Ma se del *Beethoven* e del *Mozart* è facile il tacerci; de' quali il presente programma ci regalava il *4. Quartetto* del primo, ed il *Quintetto Op. 108* del secondo, non è così pel terzo pezzo, il *2. Gran Quintetto* del *Bottesini* che vuol essere manifestato all'universale, e designato al mondo artistico qual opera pregiatissima che va a prendere posto nel repertorio scelto del genere classico strumentale. Questo *Quintetto* è un lavoro siffattamente rigoglioso di vita, di freschezza, d'immaginazione, che volendo per poco ricordare essere la musica un'arte puramente imitativa, ci è sembrato non già di udire a suonare cinque armonici strumenti, sibbene un conversare animato, spiritoso, e gioviale scevro di bassezze e scurrilità di cinque animi nobili, di cinque perspicaci talenti. E difatto i pensieri melodici, la successione delle frasi, la regolarità de' periodi, l'impasto armonico, l'intreccio delle parti, la rivalità delle imitazioni e quella tal quale irrequietezza di movimento sono tutte cose trattate in modo da rivelare un ingegno strarodinariamente ricco di idee e di arte, qual è quello del Bottesini, ed al quale il coltissimo e scelto pubblico delle *Mattinate* delle *Società*, ond'è qui mensile rassegna, ha dato prontamente il suo caldo, franco e sincero plauso, ed ha voluto vedere il maestro non solo alla fine del pezzo, sì ancora terminato l'*adagio*, brano di magistrale fattura. [...] [16].

Proprio in coincidenza con la fine della felice (quanto breve) stagione concertistica della Società del Quartetto si registrano i primi passi del Circolo artistico-musicale Bonamici, per il cui concerto inaugurale (23 agosto 1863) troviamo ancora Bottesini, del quale, oltre al *Quartetto* n. 3, appena premiato al Concorso Basevi di Firenze, vengono eseguiti la *Scena-Racconto L'Addio di una Viggianese* (eseguita «dalla sig.ra Fiorentini» ed accompagnata «al P.F. dall'autore») e ancora l'«*Assolo per Controbasso* (costruito nel 1600 dal sig. Testori di Milano) eseguito dall'autore ed accompagnato al P.F. dal sig. M. Bevignani» [17]. Qualche giorno più tardi è ancora la dettagliatissima «Gazzetta» ad informare i napoletani dell'imminente partenza di Bottesini (diretto a Barcellona), per il quale il 2 settembre è stata organizzata una *Serata musicale in casa Boubée*:

Chi sente altamente dell'arte, ama altamente gli artisti. Una viva pruova di questa bella verità l'avemmo nella serata di mercoledì 2, assistendo ad uno scelto convegno presso la famiglia del sig. Boubée, che pari alla gentilezza de' modi nudre amore purissimo per la divina arte de' suoni. Le persone si riunivano attirate da un sentimento solo, e non poteva avvenire il contrario, ché, sendo noto all'universale come e quanto si coltivi la musica in casa Boubée, difficilmente in alcune speciali e private adunanze, ove quella famiglia ha per fine un fatto artistico, convengono di coloro che non sieno uniformi nelle medesime tendenze. Niuno di quella eletta società era per avventura estran[e]o alla musical palestra, ed artisti ed amatori non componevano, per così dire, che una sola famiglia. — Ma qual è il fatto artistico da noi di sopra accennato?... Egli era non altro che un omaggio da rendere ad un eminente artista, ora che si diparte da noi. — Gentile pensiero davvero e degno delle anime ben fatte!

Giovanni Bottesini lascia Napoli per recarsi, nella onorevole qualità di Direttore del Teatro, a Barcellona. La fraternevole amicizia che lo legava a' signori Boubée esigeva in questo *Addio* un tributo di affetto tutto particolare, e questo fu reso mercoledì a sera in mezzo ad una cerchia di chiarissimi artisti, ed alla presenza dei più caldi ammiratori dell'egregio artista. La fu una gara nobilissima di cortesi omaggi, allietati da un'*accademia* di pezzi scelti musicali, la più parte (com'era naturale) composizioni di Colui, eseguiti alla perfezione, siccome avviene allorquando gli esecutori si nominano i Boubée i Krakamp, i Bonamici, i Rotondo, etc. e i Bottesini medesimi.

Il programma fu ricco della seguente musica. Un *quartetto* del Bottesini, il *Trio* del Bonamici, un *Assolo* del Krakamp, l'aria del *Freyschutz*, e la *romanza* della Viggianese (Questi due pezzi cantati dalla signora Fiorentini); al che si aggiunse un pezzo per P.F. eseguito dalle due portentose manine della bambina Ciccodicola, la quale accompagnò anche un pezzo per Harmoniflûte a sua madre, esimia suonatrice di tal istrumento, ed a corona di tutto il programma, la *fantasia* sulla *Lucia* e la *tarantella* per Contrabbasso. Co' quali pezzi si fece anche una volta acclamare il celebre contrabbassista, che fra' caldi e sinceri applausi fu fatto segno dalla signora di casa della più grande ovazione che si possa rendere al vero merito artistico, qual è il presente di una corona d'alloro.

La serata adunque riuscì brillantissima, e tanto più deliziosa e divertita, in quanto che il sentimento musicale affratellava tutti i convenuti in un sol pensiero, qual era quello, e siam sicuri che il Bottesini ne serberà memoria duratura, di renderla improntata dal motto, col quale noi in queste pagine la registriamo, cioè: *L'addio di Bottesini a Napoli!* [18].

Dopo il commiato da Napoli, Bottesini parte dunque alla volta di Barcellona. L'impresario del Teatro di San Carlo tenterà qualche mese più tardi di riportare il musicista cremasco sulle scene napoletane, nella veste di direttore stabile dell'orchestra; com'è noto, però, Bottesini rifiuterà (a quanto sembra, anche per motivi economici [19]) e l'impresa Prestreau scritturerà Nicola De Giosa e Giuseppe Puzone come direttori delle opere e Pietro Graviller come direttore dei balli.

In conclusione, e a conferma dell'aura mitica avvolto nella quale Bottesini era approdato alle sale da concerto napoletane, riproponiamo il ritratto in forma di dialogo intitolato *Bottesini e il contrabasso* apparso sulla «Gazzetta Musicale di Napoli» nell'ottobre 1858 a testimonianza dell'impressione suscitata dai prodigiosi virtuosismi del musicista sull'uditorio napoletano [20], visti, probabilmente, piuttosto dal punto di vista funambolico-timbrico che non da quello musicale strutturale vero e proprio; il contrabbasso assume nuova forza espressiva non in base a caratteristiche proprie, ma in quanto ripropone, quasi simulandoli, il timbro del violino e quello del violoncello. In questo gioco di finzioni nasce l'identificazione in forma di metafora fra il musicista e lo strumento, al quale egli è riuscito a dare una voce nuova e fino a quel momento inesplorata; proprio in questa contraddizione fra apparenza effimera e promesse geniali non sempre mantenute, che riflette tanta parte della storia culturale di Napoli, sta in parte la chiave del rapporto — a volte conflittuale — fra Bottesini e una città scissa fra il richiamo intellettuale del nuovo e l'immobilità conservatrice di una tradizione costantemente incombente.

NOTE

* Desidero ringraziare il conte Ferrante Benvenuti per aver messo a disposizione le lettere inedite di Bottesini, pubblicate in Appendice a questo stesso volume, il dott. Francesco Melisi, la sig.ra Lucia Nussbaum e il dott. Gennaro Alifuoco per aver agevolato la consultazione dei periodici musicali citati nel presente studio e custoditi presso la biblioteca del Conservatorio di Musica «San Pietro a Majella» di Napoli e presso la sezione «Lucchesi Palli» della Biblioteca Nazionale «Vittorio Emanuele III» di Napoli (nella quale è anche conservato il libretto dell'idillio *Nerina*, qui riprodotto nell'Appendice II). Un ringraziamento va infine all'amico prof. Flavio Arpini.

(1) Per un dettagliato quadro biografico di Bottesini, e in particolare per gli eventi legati al soggiorno napoletano del musicista, si rimanda alla *Cronologia* di GASPARE NELLO VETRO in *Giovanni Bottesini 1821-1889*, a cura di Gaspare Nello Vetro, Parma, Centro Studi e Ricerche dell'Amministrazione dell'Università degli Studi di Parma, 1989, pp. 1-25. Ancora sulla situazione musicale a Napoli nell'Ottocento cfr. SERGIO MARTINOTTI, *Ottocento strumentale italiano*, Bologna, Forni, 1972, pp. 161-169:164 e RENATO DI BENEDETTO, *Beethoven a Napoli nell'Ottocento*, «Nuova Rivista Musicale Italiana», V (1971), n. 1-2, pp. 3-21; 201-241. Ancora su Bottesini a Napoli cfr. ENRICO FAZIO, *Bottesini, i salotti privati e le società cameristiche e orchestrali italiane nel secondo '800*, «Nuova Rivista Musicale Italiana», XIX (1985), n. 4, pp. 609-620.

(2) «Gazzetta Musicale di Napoli», VII, n. 14, 14 aprile 1858, pp. 111-112.

(3) Nella breve scheda biografica dedicata ad Antonio Mugnone da MICHELE CARLO CAPUTO nell'*Annuario generale della musica [...]*, (I, Napoli, De Angelis, 1875, p. 146) si legge, fra l'altro: «[...] A 12 anni esordì in un Concerto al T[eatro] del Fondo e il successo che vi ebbe lo fe' immediatamente scritturare dall'impresa del R[eal] T[eatro] S[an] Carlo. Fu soprannumero per oltre 30 anni nella R[eal] Cappella di Napoli e 1° Contrabbasso alla R[eal] Camera, il che gli fe' rinunziare all'offerta venutagli per 1° Contrabbasso al Covent-Garden di Londra ed al T[eatro] Imperiale di Pietroburgo. Ha suonato in varii Concerti, anche in compagnia di Giovanni Bottesini».

(4) Napoli, Archivio di Stato, Ministero della Pubblica Istruzione, fascio 105. Un'annotazione al margine della relazione del principe di Monteroduni («si conservi») lascerebbe supporre che, probabilmente, la proposta non sia sembrata poi del tutto inattuabile. Anche nel regolamento del Collegio approvato nel 1856, tuttavia, gli insegnamenti di violoncello e di contrabbasso continuarono a rimanere collegati.

(5) «Gazzetta Musicale di Napoli», VII, n. 16, 29 aprile 1858; l'articolo continua: «[...] Il *Bottesini*, oltre due pezzi *originali*, fu dalle premurose istanze de' giovani collegiali indotto ad eseguire anco il *Carnevale di Venezia*, e ci sarebbe difficile il descrivere la commozione ch'egli eccitò ne' circostanti, spiegando in quel pezzo tutte le ricchezze dell'ammirevole e portentosa sua esecuzione»; il concerto ebbe luogo il 21 aprile; nei documenti relativi all'attività del Collegio, tuttavia, esiste la richiesta di un'altra accademia, datata 24 aprile ed approvata il 26, alla quale sarebbe stato presente il Conte di Siracusa (cfr. Archivio di Stato di Napoli, Ministero della Pubblica Istruzione, fascio 110, incartamento n. 218).

(6) Una testimonianza sull'insegnamento del contrabbasso si ritrova in alcuni documenti relativi al Collegio di Musica del giugno 1853; fra gli acquisti per la biblioteca dell'istituto si fa menzione di un metodo di Sedelmajer (che però oggi non risulta schedato nella biblioteca del Conservatorio «San Pietro a Majella») e di una certa «raccolta d'esercizi di diversi autori» per la classe di contrabbasso (Archivio di Stato di Napoli, Ministero della Pubblica Istruzione, fascio 105).

(7) La definizione è in RENATO DI BENEDETTO, *Beethoven a Napoli* cit., p. 201.

(8) Queste le commissioni istituite in seno all'Accademia (il cui bollettino ufficiale veniva pubblicato sulla «Gazzetta Musicale di Napoli»): commissione promotrice, consiglio di censura, giurì artistico ordinario (Sigismondo Thalberg *presidente*, Ferdinando Taglioni, Vincenzo Fioravanti, Salvatore Pappalardo, Paolo Cimarosa, Michele Ruta *segretario*), giurì artistico straordinario (Saverio Mercadante, Giuseppe Verdi, Giovanni Pacini, Carlo Coccia), consiglio di direzione, consiglio di amministrazione (cfr. «Gazzetta Musicale di Napoli», XI, n. 10, 15 marzo 1863). Un tale complesso apparato sembra quasi preludere alla macchina organizzativa che, poco più tardi, darà vita al Primo Congresso Musicale Italiano (1864), del quale Taglioni sarà presidente generale (per un approfondimento della questione si rimanda al saggio di RENATO DI BENEDETTO, *Il Circolo Bonamici e il «Primo Congresso Musicale Italiano»*, in corso di stampa nel volume di atti del convegno *Francesco Florimo e l'Ottocento musicale a Napoli* (Morcone, 19-21 aprile 1990), a cura di Rosa Cafiero e Marina Marino, di imminente pubblicazione. Ricordiamo che Bottesini verrà costantemente definito «Socio corrispondente» del «Monitore del Circolo Bonamici», il periodico organo ufficiale del Circolo (1865-67), che riporta con notevole dovizia di particolari notizie sull'attività concertistica fuori di Napoli del musicista cremasco.

(9) La citazione è tratta dal *Bollettino Ufficiale Dell'Accademia di Musica Periodica* pubblicata sulla «Gazzetta Musicale di Napoli», XI, n. 13 del 12 aprile 1863.

(10) *Ibidem.* Fra i 108 firmatari del bollettino (datato marzo 1863) ricordiamo Ferdinando Taglioni, Nicola De Giosa, Achille Pistilli, Michele Ruta, Nicola Nacciarone, Ferdinando Bonamici, Ferdinando Pinto, Federico Girard, Pietro Clausetti, Teodoro Cottrau, Francesco Ruggi, Paolo Serrao, Francesco Florimo, Giuseppe Puzone, Michele Cerimele, Luigi Siri.

(11) FERDINANDO TAGLIONI, *Progetto di riforme musicali didattiche, chiesastiche, teatrali nel continente napolitano [...]*, Napoli, Stabilimento Tipografico del Cosmopolita, 1861, p. 5. Un articolo encomiastico sull'opuscolo di Taglioni viene pubblicato sulla «Gazzetta Musicale di Napoli», XI, n. 7, 22 febbraio 1863, a firma Luigi Mazzone (all'epoca direttore del periodico); sempre a proposito delle iniziative musicali da introdurre nella città, vi si legge: «E notiamo ancora lo stringentissimo bisogno di ricondurre al vero ed onorevole suo posto l'ammortita scuola dell'organo, caduta addirittura nella più stomachevole profanazione, e fino a far tenere per degradante in arte il nome di *organista*. E poi a stabilire in maniera positiva i *Concerti popolari*, le Bande Nazionali, i Balli pubblici, le giubilazioni degli artisti vecchi etc.». Un volume dal titolo *Istituti e Società musicali in Italia. Statistica* (Roma, Regia Tipografia, 1873) segnala per il biennio 1871-72 a Napoli ben due istituzioni musicali dirette dal Taglioni, una fondata nel 1871 dalla Società

per l'assistenza dei fanciulli usciti dagli asili, nella quale veniva insegnato il canto corale, l'altra, fondata da padre Lodovico da Casoria nel 1870, nella quale venivano impartiti gli insegnamenti di canto, violino, violoncello, clarino, flauto e di «strumenti di ottone». Ancora sull'attività didattica di Taglioni, cfr. FERDINANDO TAGLIONI, *Lezioni popolari di Lettura Musicale dettata per lo insegnamento simultaneo [...]*, Napoli, Nobile, 1868 (nel quale l'autore si definisce «Presidente generale del Primo Congresso Musicale Italiano»).

(12) FERDINANDO TAGLIONI, *Progetto* cit., p. 5. A proposito di un altro tentativo di riformare l'istruzione musicale a Napoli cfr. MARINA MARINO, *Lauro Rossi ed un suo mancato progetto di riforma del Conservatorio di musica «San Pietro a Majella» di Napoli (1877) attraverso le pagine del periodico «La musica»*, in *Francesco Florimo e l'Ottocento musicale* cit.

(13) Cfr. RENATO DI BENEDETTO, *Beethoven a Napoli* cit., p. 202.

(14) Per la recensione del concerto inaugurale della Società del Quartetto (14 settembre 1862), durante il quale venne eseguito il *Settimino* di Beethoven, cfr. *ivi*, p. 203. Fra i fondatori, oltre a Bottesini, ricordiamo Ferdinando Taglioni, Emanuele Krakamp, Ferdinando Pinto, Paolo Boubée e Giuseppe Merola (cfr. GASPARE NELLO VETRO, *Cronologia* cit., p. 10).

(15) Sulle ipotesi di datazione finora formulate per il *Quintetto* in mi minore (collocato fra il 1862 e il 1864 in base alle caratteristiche di scrittura e facendo riferimento ad una recensione dello stesso concerto, riportata sulla «Gazzetta Musicale di Milano», che tuttavia non specifica di quale quintetto si tratti) cfr. GIULIO ODERO, *I quartetti e i quintetti per archi*, in *Giovanni Bottesini 1821-1889* cit., pp. 101-116; 113-114; ancora sul *Quintetto* in mi minore si veda il contributo di Antonio Delfino in questo stesso volume.

(16) «Gazzetta Musicale di Napoli», XI, n. 11, 22 marzo 1863. Gli esecutori del *Gran Quintetto* per due violini, viola e due violoncelli erano Paolo Boubée e Giuseppe Merola (violini), Giuseppe Porro (viola), Alberto Boubée e Luigi Pasquale (violoncelli). Sul ruolo svolto da alcuni degli interpreti, in particolare i due Boubée, nella vita musicale napoletana cfr. RENATO DI BENEDETTO, *Beethoven a Napoli* cit., p. 203 e MATTIA LIMONCELLI, *La musica nei salotti napoletani tra l'800 e il '900*, «Il Fuidoro. Cronache napoletane», II (1955), pp. 23-25; 70-74; 112-114; 204-207:71. Di una *Serata musicale in casa Boubée* (27 maggio 1863) dà notizia, fra l'altro, la «Gazzetta Musicale di Napoli», XI, n. 20 del 31 maggio 1863; cfr. anche *infra*, nota 18.

(17) Cfr. la «Gazzetta Musicale di Napoli», XI, n. 31, 16 agosto 1863. Sulla stessa «Gazzetta», XI, n. 9, 8 marzo 1863 era apparsa la notizia del *Gran Concerto vocale ed istrumentale dato nel 28 febbraio nella gran sala di Monteoliveto da' professori G. Bottesini, e F. Pinto*: «[...] 2. *Bottesini* — Gran fantasia per *contrabasso* sull'opera *Gli Ugonoti* eseguita per la prima volta dall'autore con quella sorprendente valentia, che lo ha fatto dichiarare il *Paganini* di quello strumento, equiparato da lui ad un violino. Applausi al suo apparire, ed alla fine del pezzo con clamorosa chiamata. [...] 8. *Bottesini* — Duetto concertante per *violino*, e *contrabasso* eseguito egregiamente dal *Pinto*, e dall'autore,

il quale tra le incredibili difficoltà poste nella parte di *contrabasso* tramutato in *violoncello*, e *violino* vi ha innestato un arpeggio che metterebbe in apprensione anche un suonatore di quest'ultimo istrumento. Laonde le acclamazioni furon grandi, con chiamata ad entrambi gli artisti».

(18) «Gazzetta Ufficiale di Napoli», XI, n. 34, 6 settembre 1863 (*L'addio di Bottesini a Napoli*).

(19) Cfr. la lettera di Bottesini a Tornaghi, amministratore di Casa Ricordi, datata 23 giugno 1864, pubblicata in LUIGI INZAGHI, *Il carteggio con Casa Ricordi*, in AA.VV., *Giovanni Bottesini, virtuoso del contrabbasso e compositore*, Milano, Nuove Edizioni, 1989, p. 124, lettera n. 30. Sulla richiesta della Commissione Amministrativa dei Reali Teatri di Napoli, cfr. l'incartamento custodito presso l'Archivio di Stato di Napoli, fondo Teatri, fascio 127, in cui è conservata la richiesta ufficiale (datata 9 maggio 1864) formulata dall'impresario Paolo Noccioli: «[...] Per aderire alle premure di cotesta Commissione Amministrativa, e per dar sempre maggior lustro al nostro massimo Teatro, proponendo all'Orchestra una celebrità, il sottoscritto interessa la Commissione medesima a trattare in proposito il chiaro Sig. Bottesini. La Impresa confida così un'altra pruova indubitata del suo buon volere nell'andamento del servizio teatrale, purché le condizioni che avanzerà il Sig. Bottesini siano in correlazione coll'interesse dell'impresa istessa e delle esigenze del servizio»; l'incarico a Bottesini, sempre secondo l'impresario Noccioli, sarebbe potuto durare molto a lungo («acciò da lui venisse diretta dalla novella stagione Teatrale in poi l'orchestra del Massimo Teatro»). Evidentemente gli interessi dell'impresa e quelli di Bottesini, però, si rivelarono tutt'altro che coincidenti.

(20) Cfr. sempre a proposito di omaggi a Bottesini, il sonetto di Bernardo Quaranta e l'«editoriale» di Giuseppe Staffa apparsi su «La Musica», II, n. 5, 1 agosto 1858. Pensando al ben noto ritratto di Bruno Barilli (*Il paese del melodramma e altri scritti musicali*, Firenze, Vallecchi, 1963, pp. 5-7), nel quale riecheggia la melodia del *Carnevale di Venezia*, che tanto aveva mandato in visibilio — com'era ovvio — anche il pubblico napoletano, rimandiamo alle considerazioni di SERGIO MARTINOTTI, *op. cit.*, p. 317.

APPENDICE I

Bottesini e il contrabasso,
«Gazzetta Musicale di Napoli»,
VII, n. 42, 21 ottobre 1858, pp. 276-277.

— Sapete chi è Bottesini?
— Eh altro! è Bottesini.
— No, è il contrabasso. E sapete cosa è il contrabasso?
— Oh bella, un istrumento.
Il più antipatico degli istrumenti, un oggetto indigesto per la figura e pel suono e che non sa far altro che *fron fron* come un gatto a cui si liscia il pelo. Un istrumento appena appena sopportabile (sebbene tanto necessario) nell'orchestra, ed a cui ci si permette di *fronfronare* nei ripieni e fare l'ultima nota d'una cadenza onde giustifichi la sua presenza in luogo, come direbbe un giudice.
— No! no! no!! Nulla di tutto questo. Il contrabasso è Bottesini.
— Eh!!!...
Bottesini ha due gambe, il contrabasso una sola e volta all'insù. Bottesini ha la testa e il contrabasso ha un po' di collo che ficca in terra. Bottesini ha le braccia, il contrabasso no. Bottesini è smilzo smilzo come una vergine patetico-sentimentale innamorata, e il contrabasso ha il pancione. Va là, ché questa volta hai detta una bestialità.
— Sarà benissimo, e non sarà né la prima né l'ultima. Con tutto ciò, anzi, in onta a tutto ciò, mi permetto farvi osservare che il contrabasso è Bottesini.
Prima di questi non eravi quello. Nacque con lui, con lui crebbe, con lui vive, dunque Bottesini è il contrabasso, cioè, mi sbaglio — il contrabasso è Bottesini.
Se questa conseguenza non vi pare logica, cambiatela, ma lasciatemi stare Bottesini e il contrabasso.
L'avete visto voi?...
— Il contrabasso?
— No, Bottesini.
— Sicuro.
— Che ne dite?
— Eh, è un giovanotto ben portante, che veste *frac*...
— Là, là, là, non avete visto niente voi altri. Bottesini non è un giovinetto, non è un uomo.
— Cos'è?
— Cos'è? Eh... veramente, non lo so dir nemmen io cosa sia. Ah! ecco, è — una donna.
— Una donna?
— Una donna.
— Bottesini?
— Bottesini.
— Se' tu matto?
— Ohibò! Una donna, e ve lo provo.
Quando Bottesini cava fuori quelle notone grosse grosse del contrabasso e ci dà dentro

d'archetto in modo prodigioso, scorrendo sulle corde come un *patineur* russo sul ghiaccio; quando fa fremere e stridere e gemere quelle budella tanto grosse e robuste che basterebbero ad impiccare certi stampi di giornalisti; quando in un minuto trae un milione di note che s'accavallano, s'urtano, si abbracciano, si baciano, galoppano e fan baldoria, allora Bottesini è un *demonio*.

Quando poi della pancia del contrabasso fa un violino e trae certe notine sottili sottili come i capelli d'una donna gentile; quando fa cantare que' budelloni in modo tanto delicato, tanto affettuoso, tanto appassionato da toccarsi quell'unica corda di sentimento che potete avere e vi intenerisce; quando vi cambia le note del contrabasso nel *cantino* d'un violino e vi conquide l'anima e v'inebbria, allora Bottesini è un *angelo*.

— Su ciò siam perfettamente d'accordo.

Bottesini è un demonio, Bottesini è un angelo, resta a provarci ch'ei sia una donna.

— O miserelli, io vi compatisco. La donna cos'è?

— Una femmina.

— Può darsi. È però anche un demonio ed un angelo.

Un angelo nelle fasi dell'amore, dell'affabilità, delle compiacenze, della pace, delle voluttuose emozioni, della pietà. Un demonio in quelle della gelosia, dello sdegno, de' capricci, dell'ira, de' fremiti voluttuosi, della crudeltà.

Chi di voi non ha visto una donna essere angelo e demonio secondo le occasioni, ed essere anche l'uno e l'altro insieme nello stesso tempo?

Se la donna è un angelo e un demonio, Bottesini essendo un demonio ed un angelo è dunque una donna.

Una donna... coi calzoni.

Davvero ch'io adesso piglio la mano a Soave, a Galuppi ed a Genovesi. Son della forza logica di trecento trattati di logica.

L'avete sentito voi?

— Bottesini?

— Il contrabasso?

— Sì.

— Io no. Vidi Bottesini, ma non sentii nessun contrabasso. Ah! ho sentito sì un contrabasso, ma ho sentito anche un violoncello e un violino, e ho sentito a cantare.

— A cantare, Bottesini?

— Baje! il suo *sedicente* contrabasso.

— Cantare... Il contrabasso! Decisivamente tu diventi matto.

— No, non son io che divento matto, è Bottesini che fa diventare il suo contrabasso un'orchestra della quale il suo archetto è il primo violino e il direttore.

Orchestra che si porta con sé anche in capo al mondo, e che sarebbe tascabile se la pancia...

— Di Bottesini?

— Bottesini non ha pancia.

— È un uomo senza pancia?

— La pancia ce l'ha, ma microscopica e senza prominenza come la mia. (Qualcuno de' miei lettori domanderà come è la mia, a cui rispondo come quella di Bottesini. Sicuro, io e il celebre contrabasso abbiamo la pancia in comune coi *baccalà*).

Intendeva parlare della pancia del contrabasso.

Oh! avessero la virtù di quella pancia, certe pancie che... non hanno altra virtù che di empirsi sempre e non saziarsi mai.

APPENDICE II

Riproduciamo il libretto dell'idillio in un atto *Nerina*, musicato da Bottesini su testo di Francesco Duca Proto di Maddaloni [1], ed eseguito sotto la direzione dello stesso contrabbassista il 20 dicembre 1882 nel palazzo del duca di Bivona e, nel gennaio 1883, al Casino dell'Unione [2] (in seguito a tale esecuzione venne pubblicata la ben nota caricatura di Melchiorre Delfico sul periodico «Il Caporal Terribile», III, n. 3, 21 gennaio 1883).

La copia del libretto, custodita presso la sezione «Lucchesi Palli» della Biblioteca Nazionale «Vittorio Emanuele III» di Napoli (collocazione *Libretti A 38*), non risulta segnalata, come è noto, in nessuna delle ricognizioni finora condotte sulle fonti bottesiniane [3].

Gli interpreti riportati nel libretto sono Giuseppe Frigiotti (*Barone di Asinalunga*), Elisa Marzolla [4] (*Nerina*) e Mario Guillaume (*Gerbino*).

(1) Su Francesco Proto Duca di Maddaloni (Napoli, 1813 - *ivi*, 1893) cfr. SALVATORE DI GIACOMO, *Prefazione* in FRANCESCO PROTO DUCA DI MADDALONI, *Epigrammi*, Napoli, Pierro, 1894, pp. 15-30.

(2) Cfr. p. 4 del libretto.

(3) Cfr. GASPARE NELLO VETRO, *Elenco delle composizioni e delle edizioni*, in *Giovanni Bottesini 1821-1889*cit., a cura di Gaspare Nello Vetro, Parma, Centro Studi e Ricerche dell'Amministrazione dell'Università degli Studi di Parma, 1989, pp. 165-184:167; inoltre, la 'voce' dedicata a Bottesini operista da RODNEY SLATFORD, (*The New Grove Dictionary of Opera*, edited by Stanley Sadie, I, London, Macmillan, 1992, p. 568) non include *Nerina* nell'elenco delle opere del musicista.

(4) Elisa Marzolla fu interprete, fra l'altro, del ruolo di Frasquita in *Carmen* di G. Bizet (Teatro Bellini, 15 novembre 1879) e di Annetta nel *Freischütz* di C.M. von Weber (Teatro Bellini, 3 aprile 1880); cfr. FRANCESCO FLORIMO, *La scuola musicale di Napoli e i suoi Conservatori*, IV, Napoli, Morano, 1881, pp. 437, 439, 529, 547.

NERINA

IDILLIO

DEL

DUCA DI MADDALONI

Musica del Maestro G. Bottesini

DEDICATA

ALLA NOBILE DAMA LA DUCHESSA DI BIVONA

NAPOLI
TIPOGRAFIA DEI COMUNI
Vico Freddo Pignasecca, 1 e 2.
1883

La Nerina venne eseguita la prima volta in casa la DUCHESSA DI BIVONA che ne à gentilmente permessa la ripetizione sul teatro del *Casino dell' Unione.*

PERSONE

—

IL BARONE di Asinalunga Signor Giuseppe Frigiotti
NERINA . . . . Sig.ra Elisa Marzolla
GERBINO . . . . Signor Mario Guillaume

CORO DI CONTADINI E DI PASTORELLE

———

La scena è un'amena campagna con veduta
di un castello nel fondo.

NERINA

Idillio

~~~~~~

SCENA I.

IL BARONE, CORO, NERINA.

Coro. Spargete, o fauni, rose e viole
Tessete, oreadi, liete carole ;
Vien l' Illustrissimo nostro Barone
Questo suo feudo a visitar.

—

Sian tutti in giubilo terra e castello,
È vecchio il cantico, ma il cor novello
Ognor che inneggiasi al buon padrone,
Che viene i villici a rallegrar.

Barone. Bravi ragazzi,
Vaghe fanciulle,
I miei palazzi
Le vostre culle
Furono e sono,

E del mio trono
Crescete all' ombra
Mite che sgombra
Da questa terra
Ogni aspra guerra;
Sono il barone
D' Asinalunga
Util signore
Di Castellinaria
Non è regione
Dove non giunga
Del mio blasone
L' alto splendor.

Coro e Danze.

Evviva dunque, viva il Signore!
Cantiam, danziamo, festa è la vita:
Sù in bando i triboli, regna l'amore,
Il tempo obliasi infra i piacer.

—

Il cielo tuona, trema la terra
Il mar rovesciasi su la riviera,
È poco il danno, breve è la guerra,
Se in mezzo ai vortici siam del piacer.

Bar. Bravi! Bravi figliuoli. E voi Ncrina
Della festa sarete la regina,
Voi la più bella e più graziosa affè
Sarete degna di sì nobil re.

Ner. La grazia vostra e non il mio valore
Mi farà degna di sì chiaro onore.

Bar. Ed ora per colmar tanta allegria,
Popoli dei miei feudi
Vi facciam grazia d' una lotteria.

Coro. D' una lotteria!
Viva! Viva il Barone!

Bar.   Cento fiorini
Al primo nome che uscirà dall' urna.

Coro. Generoso Signor!

Bar. (*a Nerina sotto voce*) Fanciulla e buona
Sarete voi, cred'io, la fortunata,
Per quanto al mio favor voi siate ingrata,
Andiamo bamboli
Allegramente,
Vuò felicissima
Tutta la gente.
Chi ha grande il cor
Grande è signor.

Coro. Andiamo. Un principe
    È veramente
    Questo illustrissimo
    Nostro reggente,
    Chi ha grande il cor
    Grande è Signor. (*viano Coro e Barone*)

SCENA II.

NERINA *sola.*

Ner. Mi assedii pur costui col suo favore,
    La ventura io non sieguo, io seguo amore.
    È Gerbino il pastorello
    Mia ricchezza e mia fortuna
    Ogni lode m' è importuna
    Se non vienmi dal mio ben.

—

    Sprezzo il mondo e ogni sua gioia,
    Se Gerbino io veggo mesto,
    L' universo mi è molesto
    Se non splendevi il mio sol.

SCENA III.

GERBINO e NERINA.

Ger. Sei quì Nerina?

Ner.   È desso!

Ger. Io ti cercava da per tutto

Ner.   Oppresso
Da un pensier triste tu mi sembri. Ah! parla
Ogni angustia del cor, deh! tu mi svela.
A chi s'ama davver nulla si cela.

Ger. Oh mia Nerina! Triste è il mio destino!
Son sortito soldato! Oh me meschino!

Ner. Soldato! Cielo! E andrai dunque?...

Ger.   Alla guerra!

Ner. Oh Dio! Mi manca sotto ai piè la terra!

Ger. Fu invidiosa la mia sorte
Di un amor così gentile,
Fu crudel, nè cangia stile
La nemica del mio ben.
Sin la speme a me s'invola
Sol la morte io sento in sen.

Ner. E or che far?

Ger.   Che far potrei?

Ner. Sobbaccarsi al reo destino?

Ger. Gli è pur forza!

Ner.   Ah no! Gerbino
     Niun strapparmiti potrà

Ger. Cessa, oh Dio! Quel tuo dolore
     Più dolente il cor mi fa.

Ner. Perchè, o Ciel, senza contrasto
     Su per l'aere e per le selve
     Gli augelletti e sin le belve
     Si han d'amor le voluttà,
     Ed all'uomo è sol negato
     Del suo cor la libertà?

Ger. Dura legge!

Ner.   Inver nemica!

Ger. È castigo la ragion!

Ner. Più al suo meglio si affatica
     E più dura è la tenzon.

              a due

Ger. Dunque da te diviso
     Andar dovrò, mio bene,
     E divorar le pene
     Senza conforto alcun,

Senza che amica sorga
La tua gentil parola
Onde questa alma sola
Non credasi quaggiù.

Ner. Dunque da te divisa
Qual solitario fiore
Affronterò il rigore
Di perfida stagion,
Nè sarà meco alcuno
Che mè quaggiù protegga;
Che questo spirto regga
Fra l' ire del destin.

Ger. Addio, Nerina!

Ner.   Ahimè! Sì presto?

Ger.   È forza
Ch'io volga ove mi guida la mia stella,
La mia perfida stella! È un vil nocchiero
Quei che affrontar non sa la ria procella.
Scaglia il Cielo i suoi fulmini!
Forza ho ben io di vincerne il rigore,
Io temo sol la povertà del core.

SCENA IV.

GERBINO *via, rimane* NERINA.

Ner. (*con ansia*) Dove va? Ei s'allontana...
Oh mio Dio! Che avesse a fare?
Questa sua disperazione
Gli potrebbe certamente
Far smarrire la ragione
Ei potria lanciarsi in mare...

—

O Signore, che sei la fonte
E il sussidio della vita,
Non voler così rapita
Ogni gioia dal mio cor,
Non voler che un dì sereno
Si contristi nel dolor.

—

Deh tu serba il bel Gerbino,
Che è la luce dei miei giorni,
Tu la devi che l'adorni
Di prestanza e di bontà,
È la tua celeste mano
Benedetta in ogni età.

SCENA V.

GERBINO, CORO e *detta*.

Coro. Di Nerina è la vittoria!
  Di Nerina il maggior premio!

Ner. }
Ger. } Che mai dite?

Coro.   E che, scordaste
  Del Baron la lotteria?

Coro. Il tuo nome fu sortito
  Ed udrai la melodia
  Di quei bei cento fiorini,
  Luccicanti e senza spini.

Ner. }
Ger. } Oh piacer! Cento fiorini!

Coro. Ecco, appunto, è quì il Barone,
  Che vien subito a portarti
  Della sorte il guiderdone.

Ger. Credo appena agli occhi miei

Ner. (*tra sè*) Il riscatto di Gerbino
  Certamente aver potrei.

Coro. Dove ha seggio un tal barone
  Va in dileguo ogni afflizione.

SCENA VI.

Il Barone *e detti*.

Bar. (con una borsa in mano)
  Vostro è il premio.
  O mia Nerina.
  La fortuna a voi s' inchina
  Questa volta, in verità
  Fece omaggio alla beltà.
(Prendendo a parte Nerina, le dice con malizia)
  Non è ver che la ventura,
  Sempre cieca
  È agli amor bieca.
  Dove sia
  Chi la conduca
  La sa bene, dove va,
  Dove sia
  Chi la consigli
  La sa bene quel che fa.
Ner. Eccellenza. È dunque mia
  Questa borsa ?
Coro) Certamente !
Bar.) Dubitarne è scortesia

Ner. Ed io dunque incontanente
  Pel riscatto la rimetto
  Di codesto giovinetto.

Coro }
Bar. } Di Gerbin?

Ner.   Che è l'amor mio,
  Che è il garzone che desio,
  Che, con vostra permissione,
  Di sposare ho l'intenzione.

Coro }
Bar. } Di sposarlo?

Ger.   O mia Nerina!

Coro } Dunque a nozze convitati
Bar. } Siamo tutti?

Ner. }
Ger. } Vi siamo grati

Ger. Dell'onore che ci fate
Ner. Del piacer che ne recate.
Bar. Mi son fritto da me stesso,
  Riscattato ho il mio rivale,
  Mi son cotto senza sale,
  Ve' che bestia di baron!
Bar. Ho un bel andar in bestia?

Ahi! quel che è fatto è fatto
Proverbio volgarissimo
Ma a tutti i casi adatto
E in questo mio non restami
Che tosto cangiar tuono,
E ritirata battere
Da gran signor qual sono.
Solo così il ridicolo
Potrò schivar da me
Caro barone convinciti...
Più furbo è ancor di te.

Coro. Bravo! trionfò Nerina
Con grazia soprafina.

Ger.
Ner. a 2 } Sommessi gli si chinano
Tutti i mortali al piè.
Amor del mondo è l'arbitro
Amor del mondo il re.

Coro. Caro Baron, convinciti
Più forte è amor di te.
Dunque avremo queste nozze?
Così vaga
Giovinetta

Che ogni core e piaga e alletta
Sarà sposa di Gerbin?

Ner.
Ger.   a 2 } Nostri voti alfin corona

La regina degli amori,
Fian congiunti i nostri cori
In un mare di piacer.

Ger. (*solo*) Oh Gerbino avventurato!
Nel rigor della sventura
Da una fiamma così pura
Si rischiara il tuo cammin

—

Se trecento avessi in cori
Faran poche ad amar lei,
Tutti quanti io li darei
Per far lieto il suo destin.

Bar. (*tra sè*)
Via, facciam buon viso al fatto
(*alto*) Non è d'uopo, mia Nerina,.
Di tal somma pel riscatto
Di Gerbin. Faremo noi,
Con la nostra autorità.

Ger.
Ner.
Coro ⎫ Voi? Davvero?
⎬ Oh che bontà!

Bar. E dei suoi cento fiorini
Faccia quel che ne vorrà.

Tutti. Andiam dunque allegramente
Tutti al tempio pe' sponsali,
Dell'amore i dolci strali
Fa più dolci il divo Imen.

FINE.

LICIA SIRCH

PASSATO, PRESENTE E FUTURO NELLA *STORIA UNIVERSALE DEL CANTO* DI GABRIELE FANTONI (1873)

Nel 1844 il giovane Giovanni Bottesini comincia ad assaporare i suoi primi successi come virtuoso del contrabbasso: viene invitato ad esibirsi in prestigiose accademie e non disdegna lavori artisticamente forse meno soddisfacenti ma sicuramente redditizi come suonare nelle orchestre. Nei primi mesi dell'anno si trova a Venezia, attivo come strumentista nell'orchestra del teatro S. Benedetto, dove Verdi stava mettendo in scena la prima dell'*Ernani*. Probabilmente Bottesini era stato invitato nella città lagunare dal suo vecchio compagno di studi al Conservatorio di Milano, Giovanni Arpesani che, dal 1839, suonava come contrabbassista alla Fenice. Le cronache giornalistiche riferiscono su alcuni concerti tenuti dai due musicisti che in quelle occasioni composero un *Concerto a due contrabbassi e pianoforte* e la *Fantasia sulle canzonette di Rossini*. A questo breve soggiorno è da ascrivere forse anche la romanza *Mezzanotte* su testo di Luigi Carrer (1801-1850) noto poeta veneziano, pubblicata nella raccolta *Album musicale del Trovatore*[1]. Lo stesso testo poetico era discretamente noto tra i musicisti locali, e fra questi ad Antonio Buzzolla, giovane speranza nella vita musicale veneziana in quegli anni, legato da rapporti di buona conoscenza anche con l'Arpesani[2]. Qualche mese più tardi Bottesini era già di ritorno a Milano dove lo attendevano altri stimolanti incontri: del soggiorno veneziano non sembrerebbe rimanere null'altro che il ritorno di alcuni temi che ritroveremo, anche se in modo sotterraneo, nella carriera del musicista[3].

Le successive vicende dei tre giovani musicisti allora poco più che agli esordi, le cui storie si sfiorarono casualmente a Venezia in quel 1844, ci sono parzialmente note: sappiamo come Verdi e Bottesini seppero uscire brillantemente dai cruciali anni Quaranta del secolo mentre meno conosciute sono le vicende di Buzzolla che, dopo aver tentato la carriera operistica e aver girato per l'Europa come maestro di canto e direttore d'orchestra, accettò definitivamente nel 1855 la carica di maestro della veneziana cappella di S. Marco, carica che avrebbe mantenuto sino alla morte (1871)[4].

Anche se solo marginalmente e con buone probabilità incosapevolmente, Bottesini era entrato in contatto con un ambiente musicale, quello veneziano, dove i personaggi erano alle prese con uno dei momenti più difficili della vita musicale cittadina - nella quale i problemi derivavano in parte dalla decadenza che avvolgeva la città ormai da vari decenni, peraltro riflesso di una situazione più generale in rapida evoluzione -, il cui protagonista si rivelerà essere proprio Verdi.

Da un rapido esame delle più significative testimonianze relative alla vita e all'opera di Buzzolla e della sua cerchia di amici e sostenitori, in questi anni critici - fra la fine degli anni '30 e l'inizio degli anni '50 del secolo - emergono alcune tematiche di fondo ben determinanti i motivi ideali con i quali veniva percepita ed affrontata la situazione. Si tratta in primo luogo di idee derivate dalla conoscenza più o meno mediata di opere dell'Illuminismo francese, fra le quali fondamentali risultano quelle ormai classiche roussoviane sull'origine dei linguaggi e l'essenza della musica[5]; in secondo luogo di un certo interesse per temi esotici quali ad esempio gli strumenti musicali e la musica presso i cinesi o altre civiltà orientali antiche, temi comunque filtrati da letture di opere francesi del Settecento[6]; in terzo luogo di spunti critici rivolti in particolare alla decadenza del modo di comporre le opere e di cantare a teatro (dove regna il «declamato» e si «urla»), nonché rilievi mossi alle scuole di musica ritenute non all'altezza della tradizione locale e italiana *tout court* (erano gli anni del cruciale momento di passaggio dalla vocalità rossiniana a quella drammatica verdiana) fatta eccezione per la «mitica scuola napoletana», nella quale veniva riposta ogni speranza di rimedio. Da questi motivi sembrano scaturirne altri, anche se in forma embrionale: una critica più o meno esplicita alla musica teatrale in quanto esclusivamente edonistica, «diseducativa», invadente; un antiverdismo in nome della più autentica tradizione musicale italiana e la promozione, d'altro canto, di musica cameristica vocale e di musica sacra non contaminata dalla «fragorosità» (leggi drammaticità) di quella teatrale. Si tratta comunque di temi, idee e polemiche diffusi nella pubblicistica italiana dell'epoca, ben rilevabili, in quanto ben motivati, in quel contesto veneziano e significativi di un Ottocento forse minore, certamente poco noto. Se le musiche che da quelle idealità erano state in qualche modo condizionate vennero presto dimenticate, quegli stessi motivi ispiratori perdurarono a lungo nel corso del secolo, e forse oltre, producendo effetti fra i più differenti.

Mi riferisco direttamente ad un'opera pubblicata nel 1873, la *Storia universale del canto* di Gabriele Fantoni (1833-1900 ca) [7]. L'autore era un notaio di origine vicentina, dalla vita avventurosa e dal carattere irruente, com'egli stesso amava raccontare [8]; animato da un acceso patriottismo, nel 1848 fuggì dal collegio per arruolarsi nella Guardia Civica e partecipare alle vicende risorgimentali. Nel 1857 si trasferì a Venezia e dal 1863 divenne membro camerale e conservatore tesoriere dell'Archivio Provinciale Notarile. Viaggiò molto in Italia e all'estero, collezionando una incredibile quantità di cimeli per la storia del Risorgimento italiano e vicentino [9]. Occupò vari uffici pubblici e raccolse prestigiosi titoli accademici, cavallereschi e onorificenze anche all'estero [10]. Il Fantoni produsse inoltre una notevole quantità di scritti sui più vari soggetti, dalla storia del Risorgimento alla storia dell'arte, all'archivistica, all'architettura e alla musica. I temi prediletti sembrano però essere, oltre alla storia patria, l'educazione dei giovani e l'educazione al canto in ovvio rapporto reciproco. Come egli stesso narra in più occasioni, da giovane coltivò in maniera dilettantesca la musica avendo una bella voce tenorile; fra i suoi maestri di canto ricorda il vicentino Francesco Canneti e un milanese di cui preferisce non fare il nome [11].

L'opera - dedicata a Fedele Lampertico, compagno di studi giovanili dell'autore, economista e senatore del Regno - venne concepita e pubblicata in occasione del riordinamento delle scuole e dei conservatorî musicali indetto dal Governo nazionale all'indomani della realizzata unità d'Italia: nazionalismo ed educazione musicale dei giovani italiani sono infatti le coordinate entro le quali collocare l'opera. L'argomento affrontato non doveva essere di agevole trattazione se teniamo presente la difficoltà per l'epoca di consultare i documenti musicali [12], ma soprattutto che si trattava di giudicare un'arte tramandabile solo parzialmente per testimonianze dirette. Il metodo applicato rivela comunque una originale commissione fra l'atteggiamento positivistico dell'archivista che annota lunghi elenchi di nomi e dati, e quello idealistico secondo il quale i dati più che alla ricostruzione storica degli eventi servono per corroborare alcune tesi di fondo precostituite. Più che di una storia della musica vista dalla prospettiva della vocalità, l'opera si rivela in effetti una *summa* di nomi, di riferimenti, di citazioni non sempre affidabili, dalla quale emergono dei concetti molto chiari - pur essendo espressi con un linguaggio carico di enfasi e retorica - derivati non tanto dall'analisi dei documenti quanto dal sovrapporsi di tradizioni di pensiero ed esposti secondo un filo logico facilmente individuabile e teleologicamente mirato. Oltre alla parte storica c'è inoltre una lunga trattazione dei vari metodi di insegnamento del canto e un'analisi, se così si può dire, delle varie scuole e istituti musicali italiani e stranieri. Va tuttavia a merito del Fantoni, che in questo si distingue da autori di opere analoghe a lui contemporanei [13], il fatto che dimostra di aver se non letto, certamente visto una enorme quantità di materiale: manoscritti musicali, stampe antiche, documenti, trattati antichi e moderni sul canto, i trattati riportati dal Gerbert, dal Coussemaker e dal Meibon, nonché tutta la trattatistica allora attuale sul canto e vari scritti critici su questa.

Fin dalle prime pagine che considerano il problema delle origini, emergono concezioni notissime che si rifanno alla tradizione roussoviana per cui la musica è essenzialmente linguaggio dei sentimenti e delle passioni espressi nella loro spontaneità e naturalità, sede questa dell'autentica bellezza; ne deriva immediatamente l'importanza primaria della melodia (e l'universalità del canto) perché in essa la musica ritrova la sua natura originale, quella in cui parola e musica erano inscindibilmente intrecciati. Oltre a queste argomentazioni sulle origini mitiche e sull'unione parola-musica nella Grecia classica, vengono brevemente richiamati temi relativi alle concezioni della musica presso civiltà orientali antiche, indiane e cinesi secondo le quali il canto è originariamente espressione divina e regola morale; si tratta di concetti che hanno una duplice funzione di rinforzo: relativamente alla «miticità» originaria della musica vocale e relativamente alla sua intrinseca «eticità», e su questo il Fantoni avrà modo di tornare molte volte. Da qui deriva tutta una serie di conseguenze altrettanto famose, quali l'inferiorità e l'artificiosità dell'armonia - contrapposta alla melodia - e della musica strumentale, prodotte entrambe dalla costruzione intellettuale, dal raziocinio e quindi prive di naturale bellezza e spontaneità. Si tratta di autentici *topoi* della pubblicistica estetico-musicale a partire per lo meno dal Carpani [14], ma qui utilizzati con fine ben preciso e all'insegna del più plateale nazionalismo: la dimostrazione del primato assoluto della musica italiana e l'inferiorità delle altre musiche nazionali europee. La supremazia della musica italiana è infatti dovuta sia alla struttura della sua lingua con «la sillabazione ben distribuita, facile e naturale [che] influisce alla grazia e alla facilità del canto» [15], sia al fatto di derivare direttamente da lingue e civiltà originarie in cui il connubio musica-poesia era ancora effettivo:

«dalla antica lira dei Greci, trasse i suoi primi accordi la lira de' Latini e conseguentemente quella degli italiani. Il purissimo cielo d'Italia armonizzava con quelo della vicina Grecia; il linguaggio era congiunto colla derivazione più stretta; reciproca la fertilità delle menti; trasfusa da un popolo all'altro la fertilità» [16].

Sempre sulle tracce di Rousseau, Fantoni definisce poi il concetto di musica nazionale:

«Se carattere d'ogni musica nazionale è la lingua, esso principalmente si fonda sulla prosodia: perocché le diverse misure della musica vocale non poterono nascere che dalle diverse maniere di dividere il discorso e collocare le [sillabe] brevi e le lunghe le une rispetto alle altre; ciò che evidentissimo si mostra nella greca musica, nella quale tutte le misure non erano che le formule d'altrettanti ritmi forniti dalla disposizione delle sillabe e de' piedi di cui la lingua e la poesia erano suscettibili. Di maniera che, quantunque si possa distinguere nel ritmo musicale le misure della prosodia, del verso e del canto, sarà indubitabile la musica più aggradevole esser quella in cui queste tre misure concorrono e quanto più è possibile perfettamente.

La supposta lingua adunque, infelice nella prosodia, poco marcata, senza esattezza e precisione [...] comunicherà alla musica nazionale le irregolarità tutte della sua prosodia. [...] Con qualunque arte si cercasse di coprire i difetti di tal musica, sarebbe impossibile ch'ella potesse piacere [...]. Se v'ha in Europa una lingua propria della musica, è certo l'italiana, perché è dolce, sonora, armoniosa, accentata più d'ogni altra; e queste quattro qualità sono precisamente le più convenevoli al canto» [17].

Più volte nel corso della lettura dell'opera si ha modo poi di comprendere che quella lingua e conseguentemente quella musica 'infelici' sono le «alemanne», non a caso infatti i tedeschi avrebbero maggiormente curato la musica strumentale per supplire alle carenze naturali della loro lingua.

Altra conseguenza di questa impostazione generale riguarda l'esecuzione della musica vocale, che dev'essere essenzialmente «naturale»: da qui parte la polemica contro i trattati di canto circolanti in Italia da decenni. A questo proposito il Fantoni, pur dimostrando una conoscenza veramente vasta di questa trattatistica [18], si risolve a ricorrere alla propria esperienza affermando che l'insegnamento del canto non può essere sistematico ed assoluto, come ogni singolo metodo sembra prescrivere, bensì adattabile, variabile e relativo, nonché basato sulla conoscenza del complesso meccanismo vocale; inoltre all'allievo cantante deve essere lasciata la possibilità di esprimere la sua natura, il proprio sentire. Tuttavia quello del Fantoni è tutt'altro che mero empirismo bensì una reazione alla varietà di metodi (e alla loro rigidità applicativa) che cominciarono a proliferare dopo Rossini e cioè quando iniziò la decadenza della vera arte del «bel canto italiano»; Fantoni è insomma per un metodo individualizzato in cui lo studente deve, oltre che approfondire e perfezionare la tecnica, essere educato nel senso più alto del termine [19]: «Coi doni della natura, anche strordinarj, giungerà a commuovere le orecchie, ma giammai a commuovere il cuore se non accoppia una bella educazione»; in questo senso il cantante sarà veramente artista e come tale a sua volta «sacerdote educatore»: «la sua ignoranza pervertisce il pubblico [...]. L'artista che cerca l'effetto plateale, abdica le sue sovrane prerogative, sacrifica alle facili soddisfazioni dell'amor proprio l'alta missione di cooperare alla educazione del popolo, dirigendo verso il bello artistico il di lui sentire e buon gusto» [20]. Quando il Fantoni parla di «educazione» del cantante si riferisce comunque non solo alla preparazione tecnica ed artistica, ma anche ad altro e cioè alla ripresa della gloriosa tradizione musicale italiana, per la cui conoscenza e trasmissione venivano chiamate in causa le scuole musicali italiane, ovvero i conservatorî, sulle quali invece da decenni si accumulavano critiche e lamentele. In tal senso egli stesso fa suo il famoso motto verdiano, scritto nella lettera di diniego alla nomina onorifica a direttore del Conservatorio di Napoli: «Tornate all'antico e sarà un progresso».

Si ritrovano analoghi concetti - a riprova della circolarità di quelle idee e della loro possibilità di incidere sulla realtà storica - espressi con un linguaggio più asciutto e sintetico, in un articolo noto al Fantoni, di G.A. Biaggi, autorevole critico musicale, compositore e insegnante di storia ed estetica musicale all'Istituto musicale di Firenze in quegli stessi anni.

L'argomento dello scritto riguarda appunto *I Conservatori di musica in Italia ed il loro riordinamento* [21]; dopo le consuete lamentele sulla decadenza dei musicisti italiani e la constatazione della mancanza di scuole affidabili, il Biaggi fa una serie di considerazioni formulando nelle conclusioni la necessità dell'empirismo nella didattica musicale, empirismo che non si identifica con «ciarlataneria» e pressapochismo ma, con Humboldt, con la raccolta e l'analisi dei fatti. L'esempio concreto - se così si può dire - indicato dal Biaggi è costituito dalla «gloriosa scuola napoletana», in cui l'insegnamento era infatti essenzialmente pratico, non tanto basato su dei trattati teorici [22], quanto sull'esperienza dei maestri che prima di essere tali, erano ottimi musicisti al servizio delle cappelle o istituzioni sacre e laiche, cantanti, strumentisti, uomini ricchi di una svariata cultura e «anime innamorate dell'arte». Da qui la conclusione che i vari insegnamenti musicali nei conservatorî sarebbero dovuti essere essenzialmente pratici: il maestro - che però tale deve dimostrare di essere - tramanda la propria esperienza all'allievo: questo è ciò che sarà da intendersi per il Fantoni con la dizione «tradizione imitativa». In sintesi per quest'ultimo il canto è un'arte raffinatissima, che non può essere ridotta a mere regole e richiede per essere ben praticata cultura, disciplina, conoscenza approfondita della complessità dell'organo vocale; ma pare anche di poter aggiungere che per Fantoni, e anche per Biaggi, il significato più profondo di quell'«empirismo» vada inteso nel senso dell'impossibilità di poter codificare in una trattatistica normativa l'immenso e ricchissimo patrimonio storico e artistico-musicale italiano e d'altra parte della necessità primaria di rifarsi ad esso, anche in sede didattica, tramite la conoscenza dei documenti musicali.

Sul richiamo al tema fondamentale e diffusissimo della «gloriosa scuola napoletana» tornerò in seguito; sottolineo per ora l'incisività che ebbero tali idee sulla costituzione dei moderni conservatorî di musica e sulla formazione della musicologia stessa. Funzionale ai progetti educativi e didattici risultava pure un altro concetto desunto da riferimenti all'antichità classica e alle civiltà orientali: quello dell'eticità intrinseca alla musica. Si tratta in effetti di poetiche di lontana provenienza di cui si appropriò presto il pensiero romantico italiano con esiti in parte noti: mi riferisco ad esempio alla subordinazione dell'arte musicale e soprattutto del melodramma a finalità etiche, civili e patriottiche [23]. Per il Fantoni l'idea del canto come originaria e quasi divina espressione di regola e di moralità viene a determinare un ulteriore ruolo del musicista (corresponsabile appunto dell'educazione del pubblico) e, d'altra parte, l'importanza di fornire ai giovani, cantanti e non, una «corretta» educazione musicale. Se quindi risorge da una parte il problema della scuola, dall'altra si diramano ulteriori tematiche: innanzitutto una sorta di avversione nei confronti della musica teatrale - ovvero dell'opera - in quanto non educativa. Anche la critica alla musica teatrale ha radici profonde, ma per Fantoni va intesa in linea di derivazione dalle polemiche che a partire dai primi decenni del secolo riempivano la pubblicistica musicale; testimonianze a loro volta di un articolato e complesso mutamento di pensiero, di concezioni estetiche, di gusti, in sintesi dell'affermarsi del Romanticismo. Scrive infatti il Fantoni:

«Quando alla fine dello scorso secolo, l'audacia s'impadronì degli spiriti, si ridestarono le gloriose aspirazioni, scoppiarono le lotte civili e guerresche; quando le rivoluzioni sconvolsero opere e fedi, [...] quando le opere tutte degl'uomini improntavansi del nuovo spirito di generale agitamento, non potea la musica, l'arte la più sensibile ed il canto, espressione la più fedele, non assumersi un carattere più grandioso, penetrarsi d'una certa inquietudine e della drammatica energia.

Gli elementi tutti della composizione musicale hanno subìto una trasformazione in cui rivelansi la febbre e la turbolenza che ci divorano.

La frase melodica ha perso della sua ampiezza e della sua serenità, le sue terminazioni sono più brusche e meno solenni, le modulazioni e principalmente quelle enarmoniche, sono più frequenti, i ritmi più vivi, i tuoni più stridenti. L'orchestra acquistò uno straordinario sviluppo; più ricca, più variata, più libera, imperiosa e potente domina tutto con la sua voce formidabile, che sembra creata espressamente per esprimere le tumultuose passioni d'un popolo emancipato, d'un secolo infermo.

Ma se l'influenza dei grandi avvenimenti di questo secolo ha sviluppato nella musica una potenza drammatica dapprima ignota, se la lingua è più ricca di colori proprj a dipingere le energiche passioni, se i nuovi istrumenti introdotti ad accompagnamento del canto ci hanno famigliarizzati con un maggior numero di formule armoniche, se il meccanismo dell'arte è meglio conosciuto e s'è raggiunto con questo il pieno effetto della sonorità, bisogna pur convenire d'altra parte che la musica, come tutte le altre arti, ha perduto in delicatezza e soavità quanto ha guadagnato in vigore; e che la parte più sensibile della nostr'anima sembra ormai fatta al nuovo canto impenetrabile.

La povertà de' concetti, la freddezza de' sentimenti, si nascondono coll'inutile fasto, colla pompa degli adornamenti. Si stordisce invece di deliziare, si sorprende in luogo di commuovere [...].

E la espressione più squisita dell'anima, il canto, in mezzo al fracasso [...] non è più il linguaggio dei sentimenti, ma è la lotta fisica dei polmoni» [24].

Da questa radicale trasformazione epocale, alla quale partecipò anche il melodramma e che ebbe in Verdi il maggior interprete, deriverebbero dunque quella situazione critica e quella degenerazione del canto (ma, come sappiamo, si trattava della trasformazione di tutta la concezione drammaturgica dell'opera, coinvolgente anche la vocalità e dovuta alle nuove esigenze estetiche romantiche) di fronte alla quale i conservatorî venivano chiamati in causa come strumenti di possibile salvezza. Dobbiamo inoltre considerare che la situazione invisa al Fantoni era ulteriormente mutata, e per lui negativamente, rispetto a quella descritta nella citazione, riferibile ai primi decenni del secolo e che ebbe l'*acmé* nei famosi anni Quaranta. Se infatti le lamentele di Buzzolla e molti altri, compreso il Fétis, erano rivolte alla prima generazione di cantanti post-rossiniani, quelle del Fantoni erano per quella famigerata generazione verista che stava ormai affermandosi e per la quale «al canto basta la buona voce; [...] la natura fa da sé; [...] la bella disposizione fa miracoli; [...] in ogni caso il teatro fa il resto» [25]. Sembra di poter capire insomma che la causa della degenerazione del canto, da virtuosistico a drammatico di forza, sia da imputare, secondo Fantoni, alla stessa potenza drammatica, degenerata a sua volta in platealità, del teatro musicale romantico. A questi motivi, dai quali traspaiono elementi di matrice classicista, se ne aggiungono altri di ordine morale. Incalzati dallo «spettro dell'odierna carriera», dai successi incostanti attribuiti da un pubblico ignorante, adescati da avidi speculatori, i giovani cantanti erano ben lontani dalla vera responsabilità dell'arte - tradita ormai su tutte le scene - e non si sottoponevano alla disciplina, alla conoscenza profonda, ma divenivano oggetti del caso: «cacciano fuori a tutta possa la voce. E felice chi arriva alla fine» [26].

In diretto collegamento con la constatazione negativa di questi fatti sta la promozione della musica corale e vocale da camera, innanzitutto perché non teatrali e quindi aliene dagli influssi negativi del teatro: «Che importa che l'ampiezza de' teatri e la folla delle orchestre non ammettano che gli organi [vocali] portentosi? V'hanno stanze da rallietare, ed amatori che non si possono escludere» [27]. Nella pratica della musica da camera vocale Fantoni vede la possibilità di coltivare il canto inteso nella maniera più semplice ed originale, al di fuori dell'esagerato culto degenerante del teatro, nonché la sede in cui ogni amatore può praticare la musica, godere della sua naturale bellezza, usufruire delle sue intrinseche qualità. Inoltre poiché lo studio del canto è essenzialmente disciplina, il giovane dilettante è nel contempo educato ad un'arte fra le più raffinate e può conoscere direttamente e facilmente - cosa che non poteva invece accadere a teatro - repertori di musica antica e «familiare», ovvero tradizionale[28]. Trapela anche in questo caso una posizione classicista o comunque tradizionalista; va infatti considerato che i sostenitori della musica da camera appartenevano a quella borghesia benestante e colta, storicamente conservatrice e interessata alla conservazione e alla trasmissione dei beni culturali tradizionali: si faceva musica da camera nei salotti privati nobili o borghesi oppure in cerchie accademiche alle quali accedevano gruppi di artisti, di letterati e di coloro che partecipavano attivamente alla cultura dell'epoca.

La trattazione del canto corale viene effettuata dal Fantoni principalmente sotto il profilo tecnico, cioè tramite la considerazione dei vari metodi didattici, stranieri e italiani, per l'apprendimento della grammatica musicale, ritenuta basilare per la successiva preparazione del corista ed eventualmente del solista[29]. Ma i temi di fondo che in quegli anni animavano l'interesse per il canto corale erano analoghi a quelli che sostenevano la musica da camera, e a questi va aggiunto l'elemento «popolare», ovvero la preoccupazione per l'educazione generale dei giovani italiani e la generale diffusione e conoscenza della musica tradizionale e antica italiana («i canti del popolo sono i suoi archivi» e «cantare è educare alla nazionalità», dice il Fantoni)[30]. Giulio Roberti, esperto maestro di canto corale, trattò l'argomento più in generale e in maniera emblematica in un lungo articolo comparso sulla «Gazzetta Musicale di Milano» nel 1874[31]. Ancora una volta viene qui sottolineata l'importanza della musica nell'educazione dei giovani, «soprattutto come mezzo di moralità nella vita presente e avvenire del popolo». Dopo aver osservato quanto «ingiusta ed erronea cosa sia l'aver unicamente in mira la composizione drammatica e [...] che il campo dell'arte non deve restringersi al solo teatro, dove il successo e la popolarità vanno soggetti ai capricci della moda», dopo le consuete puntate polemiche al wagnerismo, auspica sia la composizione di cori da parte dei musicisti italiani (perché 'gli italiani hanno istinto e orecchio musicale' e la loro lingua è «già una musica per se stessa»), sia la promozione di associazioni corali dove coltivare il risorgimento dell'arte, rendere popolare la conoscenza della musica antica ('di Palestrina, dell'Allegri, dell'Astorga, di Marcello e naturalmente di Paisiello, Cimarosa, Pergolesi [...]') e alla fine sottoporre i giovani ad una disciplina semplice e salutare.

Questi sono alcuni dei temi trattati dal Fantoni ma va anche osservato che la sua vuol pur sempre porsi come opera a carattere storico. In effetti la storia - se così si può dire di quell'insieme spesso confuso e impreciso di dati, nomi e titoli - da una parte si rivela frutto di impostazioni del tutto tradizionali e oggi discutibili se non scientificamente infondate, dall'altra si rivela come supporto di un pensiero ben chiaro e mirato. Per Fantoni i punti chiave della storia del canto, successivamente al momento fondamentale delle origini classiche e al subentrare con l'uso delle varie lingue e civiltà dei vari canti nazionali, sono l'epoca delle crociate e dei trovatori in cui si rinnovò l'originaria universalità della musica; quindi l'epoca della nascita del melodramma e della formazione delle tradizionali scuole veneziana, romana e napoletana. Grande spazio è riservato poi - in maniera palesemente campanilistica - alla scuola veneziana e in generale alle cose veneziane: da qui sarebbe partita quell'opera che successivamente a Napoli avrebbe posto in essere l'autentica scuola del canto italiano con musicisti quali Leo, Durante, Pergolesi, Paisiello e quindi Rossini («eccoci giunti al sommo colle delle muse del canto»)[32]. Come è già stato osservato il mito della scuola napoletana ha serpeggiato nella pubblicistica musicale durante tutto l'Ottocento, inteso in maniera nient'affatto univoca e costante; in questo contesto esso assume il significato di punto di convergenza di secoli di storia della musica, massima espressione artistico-musicale e in quanto tale sede della scuola *tout-court*, simbolo storico della musica stessa e di italianità[33]. Quanto poi a Rossini si comprende che per Fantoni è il modello ineguagliato e ineguagliabile, punto di riferimento positivo di tutte le sue concezioni:

«In principio del secolo, col ringiovanire l'orchestra di Mozart, e ritemprando, per così dire, la melodia italiana nelle amare sorgenti della passione moderna, edificò l'opera mirabile in cui l'arte del canto si trasforma e si colloca in un quadro più complicato, senz'attentare alle belle tradizioni del secolo precedente»[34].

Quanto ci sia di conoscenza reale della musica rossiniana e quanto invece di visione idealizzata, mitica e funzionale agli intenti dell'autore è difficile da stabilire. Certo è che dall'alto di questa prospettiva storica ben si comprendono la decadenza della musica e in particolare del canto lamentati durante il corso del XIX secolo, le critiche a Verdi e agli «avveniristi», contaminatori e corruttori di quell'ideale che la storia aveva però mostrato nella sua concretezza e il richiamo alla scuola, ovvero al risorgere dei conservatorî - termine questo che di per se stesso indicava «una tradizione fedele e religiosa» [35] - sedi fra le più appropriate dove coltivare il nobilissimo passato italiano e fare rinascere il presente.

Alcuni degli esiti storici, non tutti positivi, di queste idealità, tematiche, poetiche, auspici sono già state delineate [36]; vale la pena di ricordare a questo punto che l'opera del Fantoni venne concepita proprio all'indomani del riordinamento dei conservatori nazionali e come testo didattico; che ottenne un discreto successo tanto da meritare all'autore il titolo di Socio onorario dell'Accademia romana di Santa Cecilia (la quale ne promosse l'utilizzo didattico) e varie recensioni positive di esperti in materia [37]. Va detto alla fine che anche su queste idee di lontana provenienza e con questi intenti si fondarono gli istituti musicali italiani, con queste idealità vi operarono gli insegnanti e su questi o analoghi testi, studiarono le giovani generazioni di musicisti.

NOTE

(1) *Album musicale del Trovatore. 12 pezzi per canto e pianoforte e pianoforte solo di reputati e celebri autori*, Milano, Gio. Canti, s.d., n. di lastra 7252-7263. Incipit del testo: *Poco l'ora è ormai lontana.*

(2) Buzzolla aveva infatti segnalato la presenza del «rinomato Concertista Sig. Aspesani [*sic*]», in un'accademia a Venezia e la sua scrittura come contrabbassista alla Fenice nella rivista di cui era corresponsabile «Euterpe Veneta» (fasc. II, Venezia, 11 luglio 1839). In seguito compose un'aria per soprano e contrabbasso nella sua *Elisabetta*, opera rappresentata nel maggiore teatro veneziano nel 1850, proprio sapendo di poter disporre delle capacità di tale strumentista.

(3) I più aggiornati contributi sulla vita e l'opera del musicista cremasco sono costituiti da *Giovanni Bottesini. (1821-1889)*, a cura di Gaspare Nello Vetro, Parma, Centro Studi e Ricerche dell'Amministrazione dell'Università degli Studi di Parma, 1989 e *Giovanni Bottesini e la civiltà musicale cremasca. Atti del convegno di studi, Crema, 25 ottobre 1989*, a cura di Flavio Arpini e Elena Mariani, Crema, Centro Culturale S. Agostino, 1991 (Quaderni del Centro Culturale S. Agostino, 10).

(4) I riferimenti a questo musicista sono tutti tratti da un volume in corso di stampa, *Antonio Buzzolla. Aspetti della musica a Venezia nell'Ottocento*, a cura di Licia Sirch e Francesco Passadore, Rovigo, Minelliana. Buzzolla compose in vari generi musicali: cinque opere (di cui l'ultima incompiuta tratta dalla *Putta onorata* di Goldoni), molta musica sacra e vocale da camera.

(5) O comunque di derivazione roussoviana: sulla rivista «Euterpe Veneta» viene ad esempio citata l'opera di GUILLAUME ANDRÉ VILLOTEAU, *Recherches sur l'analogie de la musique avec les arts qui ont pour objet l'imitation du language*, 2 voll., Paris, 1807.

(6) Nella medesima rivista si cita l'opera dell'abate PIERRE-JOSEPH ROUSSIER, *Mémoire sur la musique des anciens* [...], Géneve, 1770.

(7) GABRIELE FANTONI, *Storia universale del canto*, 2 voll., Milano, Natale Battezzati, 1873. D'ora in avanti nella citazione dell'opera verranno indicati unicamente l'autore, il volume e le pagine a cui si fa riferimento.

(8) Sulla biografia del Fantoni vedi: *Dizionario biografico degli scrittori contemporanei*, dir. da Angelo De Gubernatis, Firenze, Le Monnier 1879, p. 428, *s.v.* Fantoni Gabriele e GABRIELE FANTONI, *Sulla educazione di se stesso. Saggio Autobiografico*, Venezia, Stab. Nazionale di G. Grimaldo, 1868.

(9) Cfr. *Catalogo della raccolta Fantoni nel Museo Civico di Vicenza per la storia del 1848 in particolare e del Risorgimento nazionale in generale*, Vicenza, Tipografia Fabris, 1892. La collezione è sorprendentemente ricca e comprende oggetti dei più diversi: medaglie, monete, documenti, opuscoli, giornali e anche canti patriottici fra i quali alcuni del Buzzolla.

(10) Cfr. SEBASTIANO RUMOR, *Gabriele Fantoni. Studio bibliografico*, Vicenza, Tipografia

S. Giuseppe, 1900 e Id., *Gli scrittori vicentini dei secoli decimoottavo e decimonono*, 3 voll., Venezia, Tipografia Emiliana, 1905-9, I, pp. 557-568, *s.v.* Fantoni; si contano qui fra articoli, libri e opuscoli, 150 pubblicazioni.

(11) Cfr. Id., *Gabriele Fantoni* cit., p. 12 e Id., *Gli scrittori* cit., II, pp. 25.

(12) Anche se il Fantoni doveva muoversi agilmente in varie biblioteche ed archivi veneziani.

(13) Cfr. ad esempio di GIOVANNI FROJO, *Saggio storico-critico intorno alla musica indiana-egiziana-greca e principalmente italiana*, Catanzaro, Tipografia dell'Orfanotrofio, 1873.

(14) Cfr. GIORGIO PESTELLI, *Giuseppe Carpani e il neoclassicismo musicale della vecchia Italia*, in *Musica e arti figurative*, «Quaderni della Rassegna musicale», IV (1968), Torino, Einaudi, pp. 105-121.

(15) GABRIELE FANTONI, I, p. 38.

(16) GABRIELE FANTONI, I, p. 39.

(17) GABRIELE FANTONI, I, pp. 284-286.

(18) L'elenco segue un ordine storico e inizia con i sistemi presso gli Egizi, gli Ebrei (GABRIELE FANTONI, I, p. 247) per continuare con i trattati medioevali e rinascimentali, fino a Rousseau e oltre; quando inizia a parlare di «belcanto» cita subito il famoso trattato del García.

(19) In questo Fantoni dice di concordare con LEONE GIRALDONI, *Guida teorico pratica ad uso del cantante*, Bologna, Marsili Rocchi, 1864, cit. in GABRIELE FANTONI, II, pp. 40-44.

(20) GABRIELE FANTONI, II, pp. 43-44.

(21) In «Nuova Antologia di Scienze Lettere ed Arti», VI (1871), vol. XVI, fasc. IV, pp. 897-919.

(22) Osserva il Biaggi che mentre i trattati teorici di questa "scuola" erano limitati solo a «qualche partimento», vastissima era invece la quantità delle musiche.

(23) Cfr. ad es. MAURIZIO PADOAN, *Pensiero romantico e melodramma*, «Quadrivium», XVII (1976), fasc. 2, pp. 39-68 ora anche in ANDREA LUPPI, MAURIZIO PADOAN, *Statuti della musica. Studi sull'estetica musicale tra Sei e Ottocento*, Como, A.M.I.S., 1989 (Contributi musicologici del Centro Ricerche dell'A.M.I.S. - Como, 6) pp. 143-166.

(24) GABRIELE FANTONI, I, pp. 83-88. La citazione ha non pochi momenti di assonanza con un articolo di JEAN-FRANÇOIS FÉTIS, *Verdi*, «Revue et gazette musicale de Paris», XVII (1850), pp. 308-11, scritto a Venezia nel 1852 ben noto e condiviso alla cerchia di Buzzolla, in cui Verdi tra l'altro, viene indicato come responsabile di questa situazione, in termini del tutto negativi e polemici. Si tratta anche in questo caso di espressioni e termini tipici della critica musicale a partire per lo meno dal Carpani.
Sul rapporto Fétis-Verdi si veda il recente contributo di PAOLA COLOMBO, *Fétis-Verdi: cronaca di una polemica*, «Nuova Rivista Musicale Italiana», XXV (1991), n. 3-4, pp. 391-425.

(25) GABRIELE FANTONI, II, pp. 130-131.

(26) GABRIELE FANTONI, II, pp. 132-133.

(27) GABRIELE FANTONI, II, p. 114.

(28) GABRIELE FANTONI, II, pp. 114-115. Non sembra casuale il fatto che a questo proposito vengano citati innanzitutto Vaccai e Buzzolla e quindi gli autori contemporanei di romanze su testi dialettali.

(29) GABRIELE FANTONI, I, pp. 300-306. Qualche preferenza sembra qui accordata al metodo Galin-Paris-Chevé.

(30) GABRIELE FANTONI, II, pp. 176 e 181.

(31) GIULIO ROBERTI, *Il canto corale*, «Gazzetta Musicale di Milano», XXIX (1874), n. 31, pp. 249-251, n. 32, pp. 257-260, n. 34, pp. 274-275 e n. 35 pp. 282-284.

(32) GABRIELE FANTONI, I, p. 240.

(33) Sul mito della scuola napoletana, cfr. AGOSTINO ZIINO, *Luigi Romanelli ed il mito del classicismo nell'opera italiana del primo Ottocento*, «Chigiana», XXXVI (1984), pp. 173-215 e FRANCESCO DEGRADA, *«Scuola napoletana» e «opera napoletana»: nascita, sviluppo e prospettive di un concetto storiografico*, in *Il Teatro di San Carlo 1737-1987*, a cura di Bruno Cagli e A. Ziino, Napoli, Electa, 1987, II: *L'opera e il ballo*, pp. 9-20.

(34) GABRIELE FANTONI, II, p. 198. Analoghe considerazioni su Rossini si trovano in: GIOVAN BATTISTA DE LORENZI, *La musica del nostro secolo e la musica dell'avvenire*, Vicenza, Tipografia Reale - Gir. Burato, 1871 e GIOVANNI FROJO, *Saggio storico* cit. Sulla critica rossiniana coeva a Rossini cfr.: *Rossiniana. Antologia della critica nella prima metà dell'Ottocento*, a cura di Carlida Steffan, Pordenone, Studio Tesi, 1992.

(35) GABRIELE FANTONI, I, p. 173. Vedi anche relativamente alla crisi dei conservatori italiani, e soprattutto alle scuole di canto, per i quali si auspicava la rinascita: FRANCESCO FLORES D'ARCAIS, *Gl'Istituti musicali in Italia e i loro risultati*, «Nuova Antologia di Scienze Lettere ed Arti», XX (1885), II serie, vol. LII, pp. 453-468.

(36) Cfr. per esempio GIORGIO PESTELLI, *La «generazione dell'80» e la resistibile ascesa della musicologia italiana*, in *Musica italiana del primo Novecento. «La generazione dell'80». Atti del Convegno. Firenze 9-10-11 maggio 1980*, a cura di Fiamma Nicolodi, Firenze, Olschki, 1981, pp. 31-44 e FRANCESCO DEGRADA, *La «generazione dell'80» e il mito della musica italiana*, in *Musica italiana* cit., pp. 83-96.

(37) Tra queste riporto quella sottilmente ironica di Verdi: «La sua *Storia del canto*, [...] è lavoro importante ch'io trovo in moltissime parte commendevolissimo. Non le starò a dire distesamente tutta la mia opinione su questa materia, perché non è nelle mie abitudini dar giudizi, sopra tutto in cose musicali. Del resto che servirebbe la opinione d'un individuo quando le mille voci del pubblico avran pronunciata sentenza». Cfr. SEBASTIANO RUMOR, *Gabriele Fantoni* cit., p. 108.

APPENDICI

Si pubblicano di seguito, con trascrizioni e illustrazioni a fronte, otto lettere inedite di Giovanni Bottesini indirizzate al conte Francesco Sforza Benvenuti, tutte appartenenti all'Archivio privato Benvenuti. È alla cortesia e alla disponibilità del conte Ferrante Benvenuti, che qui è nostro desiderio ringraziare nuovamente, che si deve la lettura pubblica in questa sede di tale fonte documentaria volta ad arricchire l'epistolario bottesiniano e la biografia del musicista. Non sfuggirà l'emergere della personalità del nostro contrabbassista, l'amabilità verso il prossimo e l'attenzione per il bene altrui quanto l'estrema attenzione per le proprie composizioni. Quest'ultimo aspetto vien messo in rilievo dall'episodio centrale che si delinea nelle lettere: la partecipazione della *Messa da Requiem* all'Esposizione Musicale milanese del 1881. Sembrerebbe di poter evincere che il Bottesini venisse avvisato solo all'ultimo momento della possibilità di parteciparvi come compositore e che vi aderisse con un'opera ritenuta particolarmente valida, addirittura dichiarando che «non farà torto alla musica cremasca». Ragguagliato poi dell'esito favorevole avuto, e della conseguente medaglia ottenuta - a questo proposito nelle lettere viene aperto uno spiraglio sul turbinio che doveva avvolgere la frenetica attività del nostro -, rinuncerà laconicamente al recupero della partitura della propria composizione, pur rivendicandola con una certa punta d'orgoglio, evidentemente proporzionale al valore attribuito alla *Messa*. Il tono colloquiale con il quale Bottesini si rivolge al suo interlocutore - chiamandolo, si noti, con il suo secondo nome, Sforza, abitualmente adottato dai familiari - ed i continui riferimenti alle cose e persone cremasche, lo mostrano ben addentro alla vita della cittadina natale. Ciò non impedirà in un momento di sconforto di dichiarare la volontà di allontanarsene, quasi affermando il desiderio di avvicinarsi ad essa maggiormente.

Lettera di Giovanni Bottesini datata 1 febbraio 1879
(Archivio privato Benvenuti, Crema)

Napoli 1. Febbrajo 1879
Hotel de Genève

Carissimo Sforza
Dal Signor Gianfranco Donati mi pervenne la
caris.ma tua del 27 scorso. Se potessi disporre liberamente
del mio tempo non esiterei a dirti che sono pronto
ad ajutare la Società Operaia di Crema, ma l'epoca
fissata al 6. corrente me l'impedisce. Sono obbligato
dagli impresarii di Buenos-Aires coi quali sono scritturato, a viaggiare con loro onde formare la compagnia.
Devo ritornare a Milano per firmare il Contratto della
vendita della mia Opera con Ricordi. Farò una gita
a Torino per prendere tutto il mio bagaglio compreso
il Viorone per ritornar a Napoli dove sono impegnato per Concerti e forse per montare l'Ero e
Leandro. M'aspettano prima della mia partenza
per Buenos-Aires (metà Aprile) al Cairo dove sai
che vive la mia famiglia. Non trovo adunque
tempo di venire a Crema e ne sono dolentissimo.
    In un altra occasione sarò felice di poter fare
qualche cosa che ti sia gradita.
    Il mio Ero e Leandro continua trionfal-
mente a Torino. Nessuno dei Signori Cremaschi
si è mosso, nessuno mi ha dato segno di con-
gratulazioni; indifferenza assoluta. Meno male
ch'io sono contento di aver fatto onore al mio
paese. Salutami i pochissimi che mi restano
e credimi sempre
    Tuo Affmo amico
    Gio. Bottesini

Lettera di Giovanni Bottesini datata 9 febbraio 1881
(Archivio privato Benvenuti, Crema)

Genova 9 Febbrajo 1881
Hotel Rebecchino

Caro Sforza
Arrivai jeri sera da Lisbona e trovai la caris^ma
tua alla quale rispondo immediatamente.
Se sono a tempo ancora potrei mandarti per
l'Esposizione la mia Messa da Requiem eseguita l'anno scorso a Torino al teatro Regio.
È un lavoro che credo non farà torto
alla musica cremasca.
Rispondimi due righe; cosa debbo
fare. La messa e a Torino presso
Depanis impresario del Regio e potrei farmela mandare o incaricarlo
di spedirtela.
Io andrò in scena la settimana
prossima al Politeama con l'Ero.
La Regina del Nepal malgrado la
freddezza della prima recita è ormai
alla 17ª rappresentazione.
Vogliami bene e credimi
Tuo Aff^mo amico
Gio. Bottesini

Lettera di Giovanni Bottesini datata 11 febbraio [1881]
(Archivio privato Benvenuti, Crema)

Genova 11 Febbrajo.

Caro amico
Ti rimando firmate le schede.
Scrivo a Depanis a Torino
incaricandolo di spedirti la
partitura della Messa sul
dubbio ch'io possa andarci.
    Spero che tutto sarà in ordine.
Nel caso ritardasse la spedizione
dimmelo che farò una gita
verso il 19, epoca in cui sarò
sortito dai presenti palpiti
dell'Ero.
    Tuo Aff.mo
    G.Bottesini

Lettera di Giovanni Bottesini datata 23 febbraio [1881]
(Archivio privato Benvenuti, Crema)

Milano 23 Febbrajo
26 Via Tre Alberghi

    Caro Sforza
T'ho spedito la Messa. Io sono
obbligato a ripartire per la
Spagna dopo aver protestato
l'indegna esecuzione del mio
Ero a Genova.
    Scrivimi qualche cosa
e vogliami bene
      Tuo Aff.mo amico
      G. Bottesini

Lettera di Giovanni Bottesini datata 7 dicembre 1881
(Archivio privato Benvenuti, Crema)

Napoli 7 Dicembre 1881
5 Vico Teatro Fiorentini

Caro Sforza,
Desidererei sapere notizie della partitura
della mia Messa che t'ho dato per l'Esposizione di Milano. A quest'ora avrà subito
tutta la polvere degli scaffali dell'Esposizione e suppongo l'avrai ritirata.
Ti prego mandarmela presto.
A Napoli avremo fra breve un Prefetto
Cremasco. Lo conosci? Io ho scritto ad
Agostinetto Vimercati per mettermi a disposizione del nuovo Prefetto concittadino tanto
più che l'ho molto conosciuto a Milano
quando veniva in casa mia vivendo mia
sorella. Sarei pronto a rendergli servigii
quà molto utili alla sua carica; ma
ha egli cambiato maniera di pensare?
ha egli boria? Se credi scrivergli anche tu
per me gli farò tutto il bene possibile.
Cosa fa Crema? Salutami i vecchi
amici e credimi
Tuo Aff.mo
Gio. Bottesini

Lettera di Giovanni Bottesini datata 11 dicembre 1881
(Archivio privato Benvenuti, Crema)

Napoli 11 Dicembre 1881
5. Vico Teatro Fiorentini

Caro Sforza,
Sono io che casco dalle nuvole nel ricevere
la tua lettera, mentre è la prima parola
che sento riguardo alla mia Messa. Non fu
mai dato ordine da me a chicchessia di
ritirarla, ne appartiene a Ricordi essendo
mia; mai nessuno si è creduto in dovere
parteciparmi ch'essa ebbe una medaglia.
    Io la credevo presso di te e perciò stava
tranquillo. Ora tocca a te a cui ho conse-
gnato la musica rintracciarla. Attendo
ansiosamente che me ne dai notizie e ti
ringrazio tanto di tutte le prove di buona
amicizia che mi dai.
    Tuo Aff.mo amico
    G. Bottesini

Lettera di Giovanni Bottesini datata 7 maggio 1882
(Archivio privato Benvenuti, Crema)

Roma 7. Maggio '82
Teatro Costanzi

    Caro Sforza,
Ho ricevuto Diploma e medaglia che tu
mi hai mandato e te ne ringrazio infi-
nitamente. Poiché la Messa non
si trova bisogna rassegnarsi. È pero
una triste cosa. Questo non succede che
in Italia, paese della camorra. Io non
ne posso più; ed alla prima occasione me
ne vado in America per sempre stanco di
lottare ingiustamente contro la malevolenza
di tutti. Eppure credeva d'aver fatto
onore al mio paese. Non mi vogliono;
ebbene, me ne andrò. Ricordati qualche
volta del tuo
    Aff^mo amico
    G. Bottesini

Napoli 8 Novembre 1882
5. Via Teatro Fiorentini

Caro Sforza

Non si tratta più di musica, ma di vino. — Io ho la fortuna di essere in intime relazioni col Marchese di S. Marco che si occupa con passione e con eccellenti risultati della fabbrica di vino dalle sue possessioni a Pago Vejano. Tiene ora in pronto 500 Ettolitri che stante le disgrazie delle innondazioni della Lombardia potrebbero giungere a proposito. — La qualità del vino è eccellente, rassomiglia al vino del Valpulicella, ha dodici gradi di alcool e sarebbe un acquisto vantaggiosissimo. — In tele ui si al corrente di questo esito d'operazioni mi farete cosa grata occupartene e volermi trovare persona che volesse acquistarne, tutto o parte, e riceverne il risultato il più presto che potrai. — Il Marchese è pronto a spedire i campioni, e in allora si parlerebbe di prezzo che cento non sarà esorbitante. — Però essendo vino schietto, senza imbrogli, fatto sotto ai miei occhi, ha il suo valore. —

Scusami e vogliami bene

Tuo affmo amico

Gio. Bottesini

Lettera di Giovanni Bottesini datata 8 novembre 1882
(Archivio privato Benvenuti, Crema)

Napoli 8 Novembre 1882
5. Vico Teatro Fiorentini

Caro Sforza,
Non si tratta più di musica, ma di vino. Io ho la fortuna di essere
in intime relazioni col Marchese di S. Marco che si occupa
con passione e con eccellenti risultati della fabbrica di vino delle
sue possessioni a Pago Vejano. Tiene ora in pronto 500 Ettolitri
che stante le disgrazie delle innondazioni della Lombardia potrebbero giungere a proposito. La qualità del vino è eccellente,
rassomiglia al vino di Valpulicella, ha dodici gradi di alcool
e sarebbe un acquisto vantaggiosissimo. In che sei al corrente
di queste sorta d'operazioni mi faresti cosa grata occupartene
e volermi trovare persona che volesse accquistarne [sic], tutta o parte,
e scrivermene il risultato il più presto che potrai. Il Marchese
è pronto a spedire i campioni, e in allora si parlerebbe di prezzo
che certo non sarà esorbitante. Però essendo vino schietto, senza
imbrogli, fatto sotto ai miei occhi; ha il suo valore.

Scusami e vogliami bene
    Tuo Affmo amico
    Gio. Bottesini

Milano 2 Dicembre 1858

Pregiatissimo Signor Marchese

Mi prendo la libertà di raccomandarle
caldamente la prima donna del Teatro
di Crema la Sig.ra Esther Ioreis, giovane
di molto merito artistico e che son, non ne
dubito la delizia de' miei concittadini.
Conoscendo a fondo l'amabilità del
carattere suo Sig. Marchese, non dubito
punto che vorrà interessarsi in tutto
quanto potrà essere vantaggioso alla
pregevole mia raccomandata.
Allieva del distintissimo Maestro
M. Giovanni, dotata di tanti numeri,
potrà chiamarsi fortunata di consoli-
are la sua bella carriera sotto gli auspici
ella stima de' miei Concittadini e
degli amici miei in particolare.
Ringraziandola anticipatamente
mi pregio di dirmi di Lei

Dev.mo Servo ed Amico
Gio. Bottesini

Lettera di Giovanni Bottesini datata 2 dicembre 1858
(Biblioteca Comunale di Crema)

Le lettere che seguono sono conservate dalla Biblioteca Comunale di Crema nel volume *Autografi Cremaschi* (MSS.162). I primi due autografi erano già stati pubblicati da Antonio Carniti nel volumetto *In memoria di Giovanni Bottesini* (Crema, 1921), ma con alcuni errori e piccole lacune rispetto agli originali. Si è pensato di ripubblicarli per esteso in questa sede, insieme al biglietto inedito in cui Bottesini raccomanda una giovane cantante. La lettera è destinata, con tutta probabilità, al deputato teatrale marchese Attilio Zurla e segnala la prima donna Ester Trucco, scritturata a Crema per il carnevale 1858 nel ruolo di Leonora della *Favorita* di Donizetti*.

* Il nome della cantante compare in documenti reperiti presso la Biblioteca Comunale di Crema: è nelle carte dell'Archivio del Teatro Sociale relative al contratto per quella stagione (busta 13, fasc. 11); inoltre compare, vergato a mano, sul libretto de *La Favorita* contenuto nelle Opere Teatrali (XLIV 6/5, VI/6).

c.114-117

Monsieur Pierre Bottesini
Professeur de Musique
Crème
[timbro: Crema 28 MAG]

Boston 29 aprile 1847.

Amatissimo padre mio,

Ieri ho avuto il piacere di ricevere una carissima tua in data del 20 Febbrajo; le notizie consolanti della tua buona salute e della Mamma e dell'Angelina m'hanno rallegrato lo spirito e veramente ridonata la quiete. Nel mese di Aprile corrente non ho potuto scriverti perché al 3, giorno che s'impostano le lettere per l'Europa, partii dall'Avana e fino al 15 non arrivai a New York; il viaggio fu felicissimo e fummo trattati con maggior riguardo. Trovammo a New York un altra compagnia Italiana al Teatro Palmos già da cinque mesi quivi stabilita e fra cui viddi persone di nostra conoscenza come la Clotilde Barili, Benedetti il tenore, Sanquirico etc. un Cremasco di cui non mi ricordo il nome fa l'avvisatore. I nostri impresarj piccati di non trovare il teatro libero, spesero 750 colonnati per un altro teatro onde far sentire la compagnia nell'Ernani in due rappresentazioni, e per dare uno scacco matto all'altra; difatti sbarcati di fretta tutti i cassoni provammo ed andammo in scena; quantunque il teatro Parla fosse piccolo, desso conteneva uno stipato concorso; trionfante fu il successo a scapito degli altri e chissà quanto veleno debbono aver inghiottito. Nella sera susseguente diemmo un Concerto nella sala del Tabernacolo ove suonai due duetti coll'Arditi; ti accludo l'articolo che ne parla e potrai giudicare dell'effetto del mio Contrabasso.

Prima di partire dall'Avana firmai il nuovo Contratto con l'Impresario di suonare tre volte al mese in Concerti coll'aumento di 150 Colonnati al mese oltre i 120 come suonatore d'orchestra. Ora potrò avanzarmi qualche migliaja di franchi. Non dubitare che appena posso fare una somma di tre a quattro mille franchi che m'avanzino te li mando; tu ne farai quell'uso che più ti conviene; io non ne voglio sapere; sarò abbastanza contento di poter alla fine far qualche cosa per chi fece tanto per me.

Nei cinque giorni che mi sono fermato a New York, non ho fatto che girare, partendo dall'Avana con un caldo oppressivo, respirai colà come al presente quell'aria rigida che mi rinfrescò i polmoni e mi tornò sangue nelle vene, a guisa dei cani del S. Bernardo mi diedi per così dire a fiutare l'atmosfera che sapeva di neve. Io non ho ancora veduto Parigi e Londra, ma posso farmene un'idea se New York vien posta subito dopo quelle. È in effetto la gran Città commerciante, popolata, pulita, elegante, fragorosa; vapori, strade ferrate, omnibus, carrozze, giornali, a millioni; io non sapeva in che mondo fossi. Partimmo per Boston, altra città ragguardevolissima ove il liberatore di questa terra, Wasington predicò massime tanto salutari ai popoli.

Ovunque si parla l'inglese; cattiva pasta da masticare per noi. Un gran palo nel mezzo della città con appeso un berretto è l'insegna della Città. Tutti lavorano pel bene della patria e si vive tranquilli.

Sarebbero infinite le cose da raccontarti ma non voglio privarmi del piacere di dirtele un giorno a voce. La vittoria degli Americani sui Messicani colla presa di Vera Cruz e del castello di Uuoa [?] dà anima al popolo che esulta continuamente. Il generale Santa Anna tiene una condotta incerta; pare voglia partecipare della vittoria e non della sconfitta. Accusando essere necessaria la sua presenza onde sedare le insurrezioni civili della capitale del Mexico diede l'addio alle sue truppe fingendo ippocritamente sensi liberali quando si vede chiaramente che cerca mezzi di accomodamento coi Stati Uniti. In questa città si fermeremo fino alla metà di Maggio per ritornare quindi a New York ove passeremo l'estate; prima di ritornare all'Avana faremo forse una gita a Philadelfia. Io ti terrò sempre informato di tutto onde tu mi abbi a scrivere. Come sta la Mamma? come va l'Angelina? bene al certo; mi fa stupore però come nell'ultima non vi sia menzionata la sorella; bisogna che sia in campagna presso qualche signora. Se la distanza che ci separa non fosse così lunga potrei mandarci qualche bel vestito, ma mi riservo alla mia venuta. Dì alla Mamma che mi trovo in un paese ove si osserva la Domenica assai più religiosamente che presso i Cristiani; in tal giorno è proibito di cantare, di suonare, di bevere liquori; ognuno va in Chiesa ove senza essere Cattolica però si predica una religione moralissima, vera, degna della libertà di questi paesi e del bene pubblico.

Mi rammento quello che ho promesso ed il tempo deciderà. Non darti pena per ciò però; se anche soffro qualche dispiacere in casa, la faccenda è così venuta d'abitudine che la mia salute non ne soffre sicuramente. Diffatti sono divenuto un pochettino grassotello. Intendiamoci, sempre in relazione col mio fisico. Non so nulla de' miei fratelli; quante volte t'avrò a pregare di sapermi dire qualche cosa? Scrivimi presto adunque di loro e delle cognate, e dei nipoti, se alle volte fossero cresciuti.

Non ho tempo di scrivere a Della; bensì digli che ho ricevuto all'Avana due sue lettere come due sono le tue. Digli che m'informi di tutto che da parte mia farò lo stesso. Finita la scrittura farò un piccolissimo giretto negli Stati Uniti, quindi passerò a Londra ove mi si aspetta ansiosamente. Di là ti manderò altra cambialetta per venire subito a trovarmi assieme alla Mamma ed all'Angelina. Ho sentito con dispiacere che Piatti fu assai ammalato a Bergamo. Ora salutamelo se alle volte lo trovassi. Novelli il basso m'incombe di farti saluti. Arditi pure, Battaglini quel famoso turco di Bre[scia] divenuto assai [strappo] pure ti saluta.

La nostra compagnia fa furori e deve ringraziare la verginità del timpano Americano poiché diversamente sarebbero d'ammazzare. Se si eccetua l'Ernani, le altre Opere sono rovinate. Stuonazioni orrende ma sempre applaudite. Che bella fortuna. Non so come la faranno ritornando in Italia.

Io ti saluto, ti mando un bacio per la Mamma e l'Angelina; sta allegro, salutami Della, S. Angelo, Terni, Monza, tutti i parenti ed amici e credimi sempre con tutto l'affetto

tuo amorosissimo figlio

Giovanni

Carissimo Della,
Prima della carissima tua ricevetti altra del Signor Battista Monza, al quale ho già risposto che accetto l'offerta di Maestro di Cappella del Duomo di Crema e che se la intenda con mio padre. Ma questo non toglie che io ripeta a te la stessa cosa, poiché *moltiplicatis amicis* la cosa avrà quell'effetto che oltre ad essere onorifico è lucrativo. Io non ho parole in verità per dirti quanto piacere mi ha recato una si generale dimostrazione di benevolenza, di preferenza per avermi a Maestro aggiungendovi tanto disinteresse poiché questa carica non mi obbliga di soggiornare nel paese.

A parte gli allori che talvolta sono *SPINOSI*, a parte i trionfi che talvolta non per mio demerito ma per l'infamia di questo mondo diventano fiaschi etc.

Certamente che io sarò ben lieto di rivedere il mio natio paese e con un cane ed uno schioppo andare a passare le mie ore a caccia, dilettarmi colla musica, e andare un poco in baracca cogli amici; tante volte ch'io immagino e vorrei avere costì.

Salutami tanto tua moglie e t'auguro un bel maschiotto degno successore degli Alberghi del Papa e del Pozzo.

Io sono laconico perché ho troppe cose a fare.

Scrivimi però sempre che mi farai un sommo favore. Io ti risponderò se non molto, almeno poche parole di vera amicizia.

Ti mando un bacio e credimi sempre l'affe.o tuo amico

G. Bottesini

c.111

Milano 2 Dicembre 1858

Pregiatissimo Signor Marchese
Mi prendo la libertà di raccomandarle caldamente la prima donna del Teatro di Crema
la Sig.ra Esther Trucco, giovane di molti meriti artistici e che sarà, non ne dubito la delizia de' miei concittadini. Conoscendo a fondo l'amabilità del carattere suo Sig.r Marchese, non dubito punto che vorrà interessarsi in tutto quanto potrà essere vantaggioso
alla pregievole mia raccomandata.
Allieva del distintissimo Maestro St. Giovanni, dotata di tanti numeri, potrà chiamarsi
fortunata di consolidare la sua bella carriera sotto gli auspici della stima de' miei Concittadini e degli amici miei in particolare.
Ringaziandola anticipatamente
mi pregio il dirmi di Lei

Dev.mo Servo ed Amico

Gio. Bottesini

DISCOGRAFIA

Il successo che la musica di Giovanni Bottesini ottenne, molti anni fa, in una sala da concerto di una capitale europea ed il piacere di poterla riascoltare mi diedero lo spunto per avviare una sistematica raccolta delle incisioni prima su LP e poi su CD.

L'Europa, le Americhe e l'Estremo Oriente hanno da sempre apprezzato la musica del compositore cremasco e continuano ad offrire registrazioni su una vasta gamma di composizioni pur trascurandone, fino ad ora, alcune molto interessanti come le musiche da camera e per canto.

Ricercare tali incisioni, assieme a quelle di altri compositori cremaschi, nei momenti liberi durante i frequenti viaggi di lavoro nelle principali città del mondo, divenne un divertimento complementare all'ascolto.

Oltre un centinaio di LP e CD sono stati raccolti e sono disponibili per l'ascolto e per il confronto delle esecuzioni tra i migliori contrabbassisti ove la sensibilità e la preparazione tecnica degli stessi si esalta con la preziosa sonorità ottenuta da qualificati strumenti.

La facile reperibilità nei negozi specializzati ed il continuo lancio di nuove incisioni da parte di giovani contrabbassisti dimostrano che la musica del Bottesini continua a suscitare gratificante interesse non solo nei musicologi, ma soprattutto in quel largo numero di appassionati che costituisce la grande maggioranza degli ascoltatori.

COMPOSIZIONI PER ORCHESTRA

— *Andante sostenuto per archi*

English Chamber Orchestra, Andrew Litton   GB   — LP 1986 ASV 563
English Chamber Orchestra, Andrew Litton   GB   — CD 1986 ASV 563

MUSICA SACRA

— *Messa da Requiem per quattro voci, coro e orchestra*

Hayashi, Gallmetzer, Jankovic, Montané, Amis el Hage
Orchestra Sinfonica e Coro della RAI di Milano, Pierluigi Urbini
           I   — LP 1980 Fonit Cetra LMA 3015

QUINTETTI

— *Gran quintetto n. 1 in do minore*

S. Accardo, F. Cusano, L.A. Bianchi, A. Meunier, F. Petracchi
           I   — LP 1976 PDU AC 60109
S. Accardo, F. Cusano, L.A. Bianchi, A. Meunier, F. Petracchi
           I   — CD 1989 PDU 4014

COMPOSIZIONI PER CONTRABBASSO E ORCHESTRA

— *Concerto n. 1 in fa diesis min.* (anche in sol min.)

T. Martin, English Chamber Orch., A. Litton   GB   — LP 1986 ASV 563
T. Martin, English Chamber Orch., A. Litton   GB   — CD 1986 ASV 956
L. Streicher, Munchener Kammerorch., H. Stadlmair
           D   — LP 1980 Telefunken 6.42621
L. Streicher, Munchener Kammerorch., H. Stadlmair
           D   — CD 1988 Teldec 8.44057
J.M. Rollez, Orch. Philarm. de Montecarlo, C. Bardon
           F   — CD 1988 REM 311073

— *Concerto n. 2 in si min.* (anche in do min.)

J.M. Rollez, Orchestre du Chambre de Radio France, A. Girard
           F   — LP 1975 Arion 38277
J.M. Rollez, Orchestre du Chambre de Radio France, A. Girard
           F   — LP 1975 Arion ARN 621
H. Reolofsen, Arnheim Philarmonic Orch., A. Francis
           NL   — CD 1988 Gran Duo 8830
W. Harrer, Neue Wiener Solisten, G. Meditz   A   — CD 1989 Musica Mundi 311.112.G1
W. Brum, Orch. Symph. du Conserv. de Colmar, C. Brendel
           F   — CD 1991 Christal 06140

(Riduzione per contrabbasso e pianoforte)

E. Ferraris, A. Ferraris   I   — LP 1982 Ars Nova VST 6219

(Riduzione per contrabbasso e organo)

M. Hanskov, N.E. Aggesen   DK   — CD 1991 Danacord 378

— *Elegia e Tarantella*

I Solisti Aquilani, V. Antonellini   I   — CD 1989 Nuova Era 6810

— *Introduzione e Gavotta*

I Solisti Aquilani, V. Antonellini   I   — CD 1989 Nuova Era 6810
W. Harrer, Neue Wiener Solisten, G. Meditz   A   — CD 1989 Musica Mundi 311.112.G1

— *Tarantella in la minore*

J.M. Rollez, Orchestre du Chambre de Radio France, A. Girard
                              F   — LP 1975 Arion 38277
J.M. Rollez, Orchestre du Chambre de Radio France, A. Girard
                              F   — LP 1975 Arion ARN 621
G. Amadio e i Solisti Italiani   J   — CD 1992 Denon 75040

(Riduzione per contrabbasso e pianoforte)

Y. Goilav, L. Custer   A   — LP 1982 Pelia PSR 40619
Y. Goilav, L. Custer   CH   — CD 1991 Tuxedo 1090
L. Streicher, N. Shelter   D   — LP 1978 Telefunken 6.42230
L. Streicher, N. Shelter   D   — CD 1990 Teldec 2292.46125.2

COMPOSIZIONI PER CONTRABBASSO E PIANOFORTE

— *Allegretto capriccioso*

I Solisti Aquilani, V. Antonellini   I   — CD 1989 Nuova Era 6810
L. Streicher, N. Shelter   D   — LP 1978 Telefunken 6.42230
L. Streicher, N. Shelter   D   — CD 1990 Teldec 2292.46125.2

— *Aria da «Il Trovatore» di G. Verdi*

G. Dzwiza, W. Harden   D   — LP 1980 Musica Viva M V 30.1076
G. Dzwiza, W. Harden   D   — CD 1989 Signum x23.00

— *Capriccio di bravura*

T. Martin, A. Halstead   GB   — LP 1983 ASV 939
T. Martin, A. Halstead   GB   — CD 1984 ASV 626
L. Streicher, N. Shelter   D   — LP 1978 Telefunken 6.42230
L. Streicher, N. Shelter   D   — CD 1990 Teldec 2292.46125.2
Quatour de Contrebasse de Bruxelles   B   — CD 1991 Pavane ADV 7254

— *Concerto n. 1 in La magg. «Concerto di bravura»*

M. Ricciuti, L. Zanardi	I	— CD 1987 Bongiovanni 5017.2

— *Concerto n. 4 in Mi magg. «Concerto Cerrito»*

M. Ricciuti, L. Zanardi	I	— CD 1987 Bongiovanni 5017.2

— *Elegia n. 1 in Re magg. op. 20*

T. Martin, A. Halstead	GB	— LP 1984 ASV 956
T. Martin, A. Halstead	GB	— CD 1984 ASV 626
F. Bokany, M. Mendelssohn	J	— CD 1987 Denon 33CO.1591
E. Radoukanov, I. Lindgren	S	— CD 1988 Blue Bell ABCD 018
Y. Kawahara, R. Hoffmann	D	— LP 1986 Largo 5005
Y. Kawahara, R. Hoffmann	D	— CD 1986 Largo 5105
H. Krampe, H. Dammann	D	— LP 1979 Musica Viva 30.1056
L. Milani, E. Lini	I	— LP 1978 Fonit Cetra ITL 70037
E. Ferraris, A. Ferraris	I	— LP 1982 Ars Nova VST 6219
L. Streicher, N. Shelter	D	— LP 1978 Telefunken 6.42230
L. Streicher, N. Shelter	D	— CD 1990 Teldec 2292.46125.2
K. Stöll, K. Ogura	J	— CD 1976 Camerata 32 CM 61
K. Trumpf, K. Kirbach	D	— CD 1990 Ars Vivendi 2100159
J. Katrama, M. Rahkonen	FL	— CD 1990 Finlandia 390
M. Hanskov, T. Lørskov	DK	— CD 1991 Danacord 378
W. Brum, V. Roth	F	— CD 1991 Christal SCACD 06140

— *Elegia n. 2 in mi min.* (romanza drammatica)

T. Martin, A. Halstead	GB	— LP 1983 ASV 939
T. Martin, A. Halstead	GB	— CD 1984 ASV 626
E. Ferraris, A. Ferraris	I	— LP 1982 Ars Nova VST 6219

— *Fantasia su «Beatrice di Tenda» di V. Bellini*

T. Martin, A. Halstead	GB	— LP 1983 ASV 939
T. Martin, A. Halstead	GB	— CD 1984 ASV 626
M. Ricciuti, L. Zanardi	I	— LP 1985 Bongiovanni 5010

— *Fantasia su «Lucia di Lammermoor» di G. Donizetti*

T. Martin, A. Halstead	GB	— LP 1984 ASV 956
T. Martin, A. Halstead	GB	— CD 1984 ASV 626
M. Ricciuti, L. Zanardi	I	— LP 1985 Bongiovanni 5010
J.M. Rollez, Ch. De Buchy	F	— LP 1980 Arion 38538
J.M. Rollez, Ch. De Buchy	F	— LP 1980 Arion ARN 647
J. Katrama, M. Rahkonen	FL	— CD 1990 Finlandia 390

— *Fantasia su «Norma» di V. Bellini*

M. Ricciuti, L. Zanardi	I	— LP 1985 Bongiovanni 5010

— *Fantasia su «I Puritani» di V. Bellini*

J.M. Rollez, Ch. De Buchy	F	— LP 1980 Arion 38538
J.M. Rollez, Ch. De Buchy	F	— LP 1980 Arion ARN 647

— *Fantasia su «La Sonnambula» di V. Bellini*

E. Ferraris, A. Ferraris	I	— LP 1982 Ars Nova VST 6219
T. Martin, A. Halstead	GB	— LP 1984 ASV 956
T. Martin, A. Halstead	GB	— CD 1984 ASV 626
M. Ricciuti, L. Zanardi	I	— CD 1987 Bongiovanni 5017.2
J.M. Rollez, Ch. De Buchy	F	— LP 1980 Arion 38538
J.M. Rollez, Ch. De Buchy	F	— LP 1980 Arion ARN 647
Y. Goilav, L. Custer	A	— LP 1982 Pelia PSR 40619
Y. Goilav, L. Custer	CH	— CD 1991 Tuxedo 1090
D. McTier, M. Mendelssohn	J	— CD 1987 Denon 33CO.1591
K. Trumpf, K. Kirbach	D	— CD 1990 Ars Vivendi 2100159

— *Fantasia su «La Straniera» di V. Bellini*

M. Ricciuti, G. Gruber	I	— LP 1977 Mantra MCL 02
M. Ricciuti, L. Zanardi	I	— LP 1985 Bongiovanni 5010

— *Gavotta*

K. Stöll, K. Ogura	J	— CD 1976 Camerata 32 CM 61
K. Stöll, K. Ogura	J	— CD 1980 Camerata 32 CM 60
J. Katrama, M. Rahkonen	FL	— CD 1990 Finlandia 390

— *Grande allegro da concerto*

L. Salvi, B. Canino	I	— LP 1968 Bentler BE.S. 3013
T. Martin, A. Halstead	GB	— LP 1983 ASV 939
T. Martin, A. Halstead	GB	— CD 1984 ASV 626
G. Reinke, H. Göbel	D	— LP 1986 Thorofon MTH 318
L. Streicher, N. Shelter	D	— LP 1978 Telefunken 6.42230
L. Streicher, N. Shelter	D	— CD 1990 Teldec 2292.46125.2

— *Introduzione e bolero*

T. Martin, A. Halstead	GB	— LP 1984 ASV 956
T. Martin, A. Halstead	GB	— CD 1984 ASV 626

— Introduzione e gavotta in La maggiore

T. Martin, A. Halstead	GB	— LP 1983 ASV 939
H. Krampe, H. Dammann	D	— LP 1979 Musica Viva 30.1056
L. Streicher, N. Shelter	D	— LP 1978 Telefunken 6.42230
L. Streicher, N. Shelter	D	— CD 1990 Teldec 2292.46125.2

— Introduzione e variazioni su «Il Carnevale di Venezia»

J.M. Rollez, Ch. De Buchy	F	— LP 1980 Arion 38538
J.M. Rollez, Ch. De Buchy	F	— LP 1980 Arion ARN 647

— Melodia

J.M. Rollez, Ch. De Buchy	F	— LP 1980 Arion 38538
J.M. Rollez, Ch. De Buchy	F	— LP 1980 Arion ARN 647
Y. Goilav, L. Custer	A	— LP 1982 Pelia PSR 40619
Y. Goilav, L. Custer	CH	— CD 1991 Tuxedo 1090
L. Streicher, N. Shelter	D	— LP 1978 Telefunken 6.42230
L. Streicher, N. Shelter	D	— CD 1990 Teldec 2292.46125.2
H. Krampe, H. Dammann	D	— LP 1979 Musica Viva 30.1056
W. Harrer, Neue Wiener Solisten, G. Meditz	A	— CD 1989 Musica Mundi 311.112.G1

— Rêverie in La maggiore

M. Ricciuti, D. Clapasson	GB	— LP 1984 Melody 446
M. Ricciuti, L. Zanardi	I	— CD 1987 Bongiovanni 5017.2
J.M. Rollez, Ch. De Buchy	F	— LP 1980 Arion 38538
J.M. Rollez, Ch. De Buchy	F	— LP 1980 Arion ARN 647
K. Trumpf, K. Kirbach	D	— CD 1990 Ars Vivendi 2100159

— Tarantella

L. Streicher, N. Shelter	D	— LP 1978 Telefunken 6.42230
L. Streicher, N. Shelter	D	— CD 1990 Teldec 2292.46125.2
J. Katrama, M. Rahkonen	FL	— LP 1983 Fuga FG 3025
W. Brum, V. Roth	F	— CD 1991 Christal SCACD 06140

— Tema e variazioni sull'aria «Nel cor più non mi sento» di Paisiello

E. Ferraris, A. Ferraris	I	— LP 1982 Ars Nova VST 6219
T. Martin, A. Halstead	GB	— LP 1984 ASV 956
E. Radoukanov, I. Lindgren	S	— CD 1988 Blue Bell ABCD 018
Fu Yung-Ho, Yu Yen-Cheng	TW	— CD 1992 Pony CD 001

— Variazioni su un tema dall'opera «La Straniera» di V. Bellini

M. Ricciuti, G. Gruber	I	— LP 1977 Mantra MCL 02
I Solisti Aquilani, V. Antonellini	I	— CD 1989 Nuova Era 6810

COMPOSIZIONI PER DUE CONTRABBASSI E PIANOFORTE O ORCHESTRA

— *Gran concerto in quattro tempi per due contrabbassi e orchestra*

W. Güttler, K. Stöll, Radio Symph. Orch. Berlin, M. Bamert
               D — LP 1985 Musica Mundi VMS 1642
W. Güttler, K. Stöll, Radio Symph. Orch. Berlin, M. Bamert
               D — CD 1986 Musica Mundi 11642
W. Güttler, K. Stöll, Radio Symph. Orch. Berlin, M. Bamert
               A — CD 1992 Kock Schwann 3.1338.2

— *Gran duo concertante per due contrabbassi e orchestra*

H. Reolofsen, Arnheim Philarmonic Orch., A. Francis
               NL — CD 1988 Gran Duo 8830

— *Passione amorosa - fantasia per due contrabbassi*

T. Martin, E. Johnson, English Chamber Orch., A. Litton
               GB — LP 1986 ASV 563
K. Stöll, G. Dzwiza, W. Harden   D — LP 1980 Musica Viva MV 30.1076
K. Stöll, G. Dzwiza, W. Harden   D — CD 1989 Signum X 23.00
K. Stöll, G. Dzwiza, W. Harden   J — CD 1988 Camerata 32 LM 60
Le Virtuose Romantique   F — CD 1989 Harmonia Mundi 905209
I Solisti Aquilani, V. Antonellini   I — CD 1989 Nuova Era 6810

— *Tre grandi duetti per due contrabbassi*

primo e terzo duetto

L. Milani, E. Ferraris   I — LP 1977 Fonit Cetra ITL 70022

primo e secondo duetto

G. Dzwiza, K. Stöll   D — LP 1979 Musica Viva 30.1069

secondo duetto

L. Milani, E. Ferraris   I — LP 1978 Fonit Cetra ITL 70037

(Riduzione per viola e contrabbasso)

W. Güttler, E. Sebestyen   D — LP 1985 Musica Mundi VMS 1642
W. Güttler, E. Sebestyen   D — CD 1986 Musica Mundi 11642

(Polacca - terzo movimento dal gran duetto n. 1)

K. Stöll, G. Dzwiza   J — CD 1980 Camerata 32 CM 60

— *Concerto in fa diesis min. per contrabbasso, violoncello e orchestra*

K. Stöll, J. Baumann
Radio Symph. Orch. Berlin, J. Lopez Cobos   D   — LP 1983 Telefunken 6.42853
K. Stöll, J. Baumann
Radio Symph. Orch. Berlin, J. Lopez Cobos   D   — CD 1990 Teldec 2292.46125.2

— *Duetto in si bem. per clarinetto, contrabbasso e orchestra*

T. Martin, E. Johnson, English Chamber Orch., A. Litton
GB   — LP 1986 ASV 563
T. Martin, E. Johnson, English Chamber Orch., A. Litton
GB   — CD 1986 ASV 563
I Solisti Aquilani, V. Antonellini   I   — CD 1989 Nuova Era 6810
H. Reolofsen, G. Pieterson, Arnheim Philarm. Orch., A. Francis
NL   — CD 1988 Gran Duo 8830

— *Duo concertante per violoncello, contrabbasso e orchestra su «I Puritani» di V. Bellini*

W. Güttler, M. Ostertag, Radio Symph. Orch. Berlin, M. Bamert
D   — LP 1985 Musica Mundi VMS 1642
W. Güttler, M. Ostertag, Radio Symph. Orch. Berlin, M. Bamert
D   — CD 1986 Musica Mundi 11642
H. Reolofsen, M. van Staalen, Arnheim Philarm. Orch., A. Francis
NL   — CD 1988 Gran Duo 8830

— *Gran duetto per clarinetto, contrabbasso e pianoforte*

P. Mariani, L. Milani, E. Lini   I   — LP 1978 Fonit Cetra ITL 70037

— *Gran duetto per flauto e contrabbasso*

M. Ricciuti, M. Jorino   I   — CD 1987 Bongiovanni 5017.2

— *Gran duo concertante per violino, contrabbasso e orchestra*

E. Radukanov, M. Minchev, Sofia Soloists Chamber Orch., E. Tabakov
NL   — LP 1975 Fidelio 1850
E. Radukanov, M. Minchev, Sofia Soloist Chamber Orch., E. Tabakov
NL   — CD 1989 Concerto 25016
W. Güttler, E. Sebestyen, Radio Symph. Orch. Berlin, M. Bamert
D   — LP 1985 Musica Mundi VMS 1642
W. Güttler, E. Sebestyen, Radio Symph. Orch. Berlin, M. Bamert
D   — CD 1986 Musica Mundi 11642
T. Martin, J.L. Garcia, English Chamber Orch., A. Litton
GB   — LP 1986 ASV 563

T. Martin, J.L. Garcia, English Chamber Orch., A. Litton
                              GB — CD 1986 ASV 563
J.M. Rollez, G. Jarry, Orchestre du Chambre de Radio France, A. Girard
                              F   — LP 1975 Arion 38277
J.M. Rollez, G. Jarry, Orchestre du Chambre de Radio France, A. Girard
                              F   — LP 1975 Arion ARN 621
F. Petracchi, R. Ricci, Royal Philarm. Orch., P. Bellugi
                              USA — LP 1972 CBS S 72995
F. Petracchi, R. Ricci, Royal Philarm. Orch., P. Bellugi
                              USA — CD 1990 CBS 72995
M. Crenne, Ch. Crenne, Ensemble Jean Sebastian Bach, M. Bleuze
                              F   — LP 1983 Arion 36706
W. Harrer, C. Altenburger, Neue Wiener Solisten, G. Meditz
                              A   — CD 1989 Musica Mundi 311.112.G1
D. McTier, Y. van Zweden, Concertgebow Kammerorch., Y. van Zweden
                              NL — LP 1986 Philips 420.272.1
I Solisti Aquilani, V. Antonellini   I   — CD 1989 Nuova Era 6810
W. Brum, L. Philipp, Orch. Symph. du Conserv. de Colmar, C. Brendel
                              F   — CD 1991 Christal 06140

COMPOSIZIONI VOCALI DA CAMERA

— *Un bacio* (romanza per baritono e contrabbasso)

G. Valdengo, M. Ricciuti   I   — CD 1987 Bongiovanni 5017.2

— *Une bouche aimée* (romanza per soprano, contrabbasso e pianoforte)

J. Fugelle, T. Martin, A. Halstead   GB — LP 1984 ASV 956
J. Fugelle, T. Martin, A. Halstead   GB — CD 1984 ASV 626

— *Povera mamma* (romanza per baritono e contrabbasso)

G. Valdengo, M. Ricciuti   I   — CD 1987 Bongiovanni 5017.2

— *Tutto il mondo serra* (aria per soprano, contrabbasso e pianoforte)

F. Pollet, G. Dzwiza, C. Dutilly   D   — CD 1989 Signum X 22.00

Centro Culturale S. Agostino - Crema

Ristampato e ripubblicato da Stephen Street nel 2021 con il permesso.
Parte del progetto Bottesini Urtext ® www.bottesiniurtext.com
www.stephenstreet.com